LE JEU DE LA VIE

LE JEU DE LA VIE

Dr SAMUEL SALTZMANN

EDITIONS L.L.B. Guebwiller

Couverture : Pierre Scattolini

ISBN : 2-85031-120-0

A Elisabeth, mon épouse bien-aimée.

A Anne, Jean-Micaël et Daniel,
mes enfants chéris.

Du même auteur :

LA FIÈVRE DE LASSA
Editions Groupes Missionnaires

ET DIEU DONNA LA VIE
N'OUBLIE JAMAIS LA VIE
Editions L.L.B.

Chapitre 1

VIE BIOLOGIQUE OU VIE HUMAINE ?

Cet ouvrage a vu le jour par une magnifique journée de printemps. Aussi loin que portait mon regard, ce n'était qu'un éclaboussement d'arbres en fleurs dont les branches s'agitaient doucement sous une brise venue de l'est. France-Musique diffusait la Symphonie n° 4 de Mozart dont l'élégance et la magnificence se mariaient à la somptuosité de ce décor luxuriant. Quant à notre canari, étrangement silencieux les jours précédents, il rythmait fortissimo les accords triomphants de ce chef-d'œuvre.

C'était l'un des seuls week-ends du trimestre que je pouvais passer à la maison. Dès la semaine suivante, les réunions, conférences et séminaires reprendraient aux quatre coins de la France. Avant ce nouveau marathon, j'éprouvais donc le besoin de m'isoler dans le calme et la tranquillité de la nature en pleine résurrection. Ébloui par l'éclatante blancheur du verger que je contemplais, et emporté par le lyrisme de Mozart, je me surpris à rêver d'infini.

Créature biologique dont la durée de l'existence est programmée génétiquement*, je me sentais tout à coup extraordinairement limité dans le temps et dans l'espace. Je songeais par exemple à la rédaction du présent ouvrage dont le sujet me passionne au plus haut point : qu'aurais-je donné pour être libéré de toutes les obligations familiales et professionnelles qui, sans cesse, me contraignaient à interrompre mes réflexions et ma rédaction ? Pourquoi cette nécessité de s'arrêter d'écrire

---

* Note de l'auteur : Voir *Et Dieu donna la vie*, Éd. LLB, chapitres 13 à 18.

simplement pour manger et pour dormir ? Et puis, plus généralement, pourquoi toutes les vicissitudes de la vie de tous les jours ? Pourquoi tant d'énergie à dépenser uniquement pour la routine quotidienne ? Pourquoi tous ces dilemmes dans ma vie ?

Certainement en raison de ma nature d'être humain mortel. Je ne peux pas vivre sans boire ni manger ni dormir. Je ne peux pas fournir un bon rendement au travail sans entretenir et ma forme physique et la clarté de mes pensées, par mon jogging hebdomadaire ainsi que par de longues randonnées en montagne. Enfin et surtout, je ne peux pas communiquer quelque chose de constructif à mes patients ou à mes auditoires sans entretenir ma forme spirituelle. Car je ne suis pas uniquement une créature biologique. Je suis, nous sommes aussi, des êtres spirituels ayant en nous la pensée de Dieu et de l'éternité, et capables de vivre une relation consciente avec le Seigneur.

Ainsi l'être humain n'est pas réduit à la seule dimension horizontale, biologique. Il constitue une unité complète, indivisible, corps, âme et esprit. L'esprit est cette dimension verticale qui relève de la relation personnelle de l'homme avec Dieu et qui façonne l'âme et le corps. Chacune de ces trois composantes constitue notre personne et concourt à notre cohésion en tant qu'individu unique dans l'univers. Aucune ne doit être privilégiée au détriment d'une autre de peur de créer un déséquilibre. Or l'apparition d'un déséquilibre chez l'homme signifie toujours l'exagération d'une catégorie de besoins.

Les besoins matériels en offrent l'exemple, là où le matérialisme représente la principale raison de vivre d'une société. Je m'explique : les avantages matériels sont nécessaires dans la mesure où ils contribuent à améliorer notre existence quotidienne, mais il ne faut pas qu'ils deviennent une fin en soi. Si tel est le cas, en effet, plus nous en aurons et plus il nous en faudra, car plus nous serons insatisfaits.

Pourquoi cette insatisfaction grandissante chez nos contemporains ? Pourquoi tant de gens découragés, déprimés et blasés par la vie moderne ? Parce qu'intuitivement chaque homme ressent qu'il existe une réalité de vie et des objectifs à atteindre beaucoup plus importants et beaucoup plus gratifiants que ceux du seul matérialisme. De sorte que le conflit entre le fini que nous sommes et l'infini auquel nous aspirons débouche sur une crise entre la dimension biologique et la dimension spirituelle de notre nature humaine.

De tout temps, l'homme a cherché les moyens de se libérer des dilemmes de son existence. Ce qui est nouveau à l'heure actuelle, c'est que pour la première fois de son histoire, il prétend être réellement capable de s'en affranchir grâce à la technologie médicale moderne dont les progrès sont quotidiens et stupéfiants. Ces progrès existent. On ne peut ni les nier, ni prétendre qu'ils n'affectent pas profondément notre vie quotidienne. Ils mettent les chrétiens au défi de les évaluer objectivement et de façon responsable.

Voilà pourquoi il me fallait absolument répondre à Jean-François.

*

* *

J'ai rencontré Jean-François l'été dernier. Après une conférence publique sur le respect de la vie humaine, il était venu me trouver, et l'entretien s'était prolongé fort tard dans la nuit.

— Puis-je vous parler un moment ?

— Bien volontiers.

— Je m'appelle Jean-François et je suis étudiant en théologie. Je voulais vous dire que j'ai beaucoup apprécié la façon avec laquelle vous avez abordé les différents thèmes de cette soirée.

— Ah bon ! Et pourquoi ?

— Eh bien voilà : nous vivons une époque extraordinaire, caractérisée par les réalisations du génie humain. Cela est particulièrement évident en médecine. Or il est affligeant de constater que bien des chrétiens font à l'égard de certaines formes actuelles de progrès du négativisme systématique. N'ayant pas de points de repère dans leurs systèmes traditionnels de valeurs, ils s'opposent obstinément et sans raisons valables à toutes les nouvelles applications de la recherche médicale, notamment l'insémination artificielle, la fécondation *in vitro* et les mères de substitution. En ce qui me concerne, j'estime que ces nouvelles techniques biomédicales contribuent à l'enrichissement de l'expérience humaine et c'est pourquoi j'ai apprécié une certaine ouverture d'esprit dans votre exposé !

— Merci ! En fait, je crois que le problème n'est pas aussi simple que cela, car plusieurs facteurs entrent en jeu :

D'abord il faut bien reconnaître qu'en médecine, nous traversons actuellement une véritable révolution. Elle se caractérise par une crise d'identité : qui sommes-nous en tant qu'êtres humains ? Comment améliorer la vie humaine ? Faut-il contrôler le potentiel biologique des enfants à naître ? Faut-il sélectionner des bébés de « qualité » et éliminer les autres ?

Si vous voulez, cette crise concerne l'être humain pour ce qu'il est, et elle a des implications sur ce qu'il sera lorsqu'il aura été « contrôlé » au moyen de techniques telles que la fécondation *in vitro*, l'insémination avec donneur et les manipulations génétiques. Pour ma part, je pense qu'il s'agit d'une mutation de civilisation qui aura des répercussions bien plus importantes que celles des révolutions copernicienne ou darwinienne. Car à la limite, en mettant en cause la nature même de l'existence humaine, ce sont le statut du mariage et de la vie de famille, la sélection des bébés autorisés à naître et ceux destinés à être avortés qui sont visés. C'est le degré de notre liberté individuelle qui est en jeu. Nous brûlons les vestiges de la civilisation précédente sans savoir sur quelles bases nous allons ériger la nouvelle !

Ensuite intervient le facteur technologie...

— Justement ! Vous êtes médecin. Vous savez donc mieux que moi que c'est grâce à la découverte de l'asepsie, à l'éradication des maladies contagieuses les plus graves, aux progrès de la chirurgie, etc., que notre espérance de vie s'est trouvée allongée. En matière d'asepsie, par exemple, je pense à l'histoire du médecin autrichien SEMMELWEIS qui inaugura au siècle dernier la pratique du lavage des mains dans une cuvette après les autopsies. Dans son service de maternité, le taux de mortalité des femmes ayant accouché chuta alors immédiatement de 1 sur 6 à 1 sur 84 ! Après diverses autres mesures d'hygiène élémentaire, la mortalité tomba à moins de 1 %. Et pourtant, que de scepticisme, que de réticences, que d'oppositions même de la part de ses confrères ! C'est bien l'orgueil et les préjugés qui empêchèrent l'application de ces principes élémentaires, et SEMMELWEIS, méprisé de ses pairs, mourut dans un asile d'aliénés.

Alors je dis qu'à l'heure actuelle, le même problème se pose : nos préjugés nous empêchent d'assumer les applications concrètes de la recherche médicale. Et comme par hasard, ceux-là mêmes qui pendant si longtemps ont applaudi à toutes les prouesses de la technologie médicale en sont maintenant les plus farouches adversaires...

— Cela vient essentiellement du fait que l'on ne peut pas vraiment comparer les progrès de la médecine fondamentale que vous venez de rappeler avec les progrès actuels de la recherche en biologie médicale.

— Et pour quelle raison ?

— La biologie est l'étude du monde vivant. Ses applications dans le domaine médical affectent directement l'individu. Il en résulte que dans cette société à technologie médicale avancée, nos contemporains revendiquent une « qualité de vie » qui, il faut bien le préciser d'emblée, est une qualité de vie *biologique* ! La question de l'espérance de vie, donc de la quantité de vie, est déjà dépassée : les questions de l'homme d'aujourd'hui, qu'elles concernent le début de sa vie ou sa fin, tournent toutes autour de cette revendication fondamentale : « J'ai droit à la meilleure qualité de vie possible. » Le critère qualitatif étant essentiellement biologique, nous avons commencé par affirmer qu'il fallait faire le diagnostic prénatal des malformations fœtales éventuelles grâce à l'amniocentèse, la fœtoscopie, l’échographie et, bientôt, l’imagerie d’une nouvelle technique : la résonance magnétique nucléaire*.

C’est ainsi que le diagnostic prénatal a tout naturellement conduit à l’interruption abusivement déclarée « thérapeutique » de la grossesse, ou I.T.G. Or qu’est-ce qu’une I.T.G. sinon le « remède » actuel au problème de la malformation *biologique* d’un fœtus ?

— Pour ma part, je ne crois pas qu’il faille absolument condamner le diagnostic prénatal puisque, lorsqu’il permet de conclure à l’absence d’anomalie du fœtus, il lève l’angoisse de parents ayant déjà eu un enfant atteint, ou se sachant vecteurs d’un risque de maladie héréditaire pour leur descendance.

— Dans cette optique, d’accord ! Mais vous savez certainement que le diagnostic prénatal ne reste pas cantonné à cette seule indication-là ! Il peut par exemple révéler des anomalies actuellement hors d’atteinte des ressources thérapeutiques, auquel cas on incitera les parents à l’I.T.G. Et sachez que des

---

* Note de l’auteur : Le diagnostic de certaines malformations crânio-céphaliques, qui échappait assez souvent à l’échographie, pourra bientôt être réalisé par l’application en imagerie d’une nouvelle technique : la résonance magnétique nucléaire (RMN). Il s’agit d’un examen dont la durée va de soixante à quatre-vingt-dix minutes, et qui nécessite l’immobilisation du fœtus pendant cette période. Le docteur Gilbert SARROT, de l’hôpital de Bon-Secours, a révélé que cette nouvelle technique venait d’être expérimentée chez des bébés suspects d’être atteints d’une malformation du système nerveux central. En pratique, ces bébés avaient été immobilisés dans le ventre de leur mère par injection de curare à action rapide dans leur veine ombilicale ! C’est ainsi que le « Quotidien du Médecin » a titré « à la une » de son édition du 18.11.1985 : « EXCLUSIF : la RMN *s’attaque* au fœtus. »
C’est vrai : les moyens techniques les plus sophistiqués sont actuellement en cours d’expérimentation pour « s’attaquer » aux fœtus qu’une éventuelle malformation cérébrale condamnera de plus en plus systématiquement à l’I.T.G...
C’est bien là la preuve que notre société actuelle donne la priorité absolue à la qualité *biologique* des enfants à naître. Ce qui est en contradiction totale et absolue avec la priorité du Seigneur Jésus qui aime tous les êtres humains, et tous les enfants à naître du monde, tels qu’ils sont... au point d’avoir donné volontairement sa vie pour eux !

nouvelles techniques de biologie moléculaire permettent l'étude de la formule chromosomique du fœtus à partir du prélèvement d'un fragment de villosité placentaire effectué par voie vaginale. Cette méthode paraît réalisable dès la dixième semaine de gestation. Des « trousses de diagnostic génétique » existent déjà dans plusieurs pays ; et ce qui m'inquiète, c'est que l'une d'elles permet le diagnostic du sexe du fœtus. Ainsi le risque majeur lié à l'application à grande échelle de ces trousses de « réactifs génétiques » serait le recours à l'I.T.G. dès que le sexe de l'enfant attendu ne correspond pas à celui que l'on désire*... Alors je dis clairement que l'I.T.G. est un « remède » qui pose un cas de conscience aux chrétiens. Est-elle véritablement acceptable ?

— Pourquoi ?

— Parce que la Bible, Parole de Dieu aux hommes, nous enseigne que l'être humain est une unité complète, indivisible,

---

* Note de l'auteur : Dans une conférence prononcée le 18 mai 1985 à Zürich lors du Congrès « Médecine et dignité humaine », le Professeur Gérôme LEJEUNE s'est exprimé en ces termes : « Si on laissait faire les gens, si on savait choisir le sexe des enfants, la catastrophe la plus abominable s'abattrait sur l'humanité technologique : une génération composée de 75 à 80 % de garçons ! La civilisation se retransmet d'abord par les femmes. Un pays qui perd ses femmes, même s'il fabrique des enfants artificiels, a perdu le moyen de retransmettre son âme. Heureusement, ce serait tellement grave que les gouvernements ne pourront pas laisser faire. On construira d'énormes ordinateurs de la démographie programmée. Chacun aura droit à une petite fiche où il inscrira son choix. On mettra la fiche dans l'ordinateur, et l'ordinateur utilisera un algorythme merveilleusement calculé, qui permettra de ne pas donner toujours une fille à ceux qui désirent une fille, parce que ce serait injuste que ceux-là aient toujours leur choix satisfait ; de ne pas toujours donner une fille à ceux qui désirent un garçon, parce que ce serait injuste que leur choix ne soit jamais satisfait ; et finalement de calculer ce qui satisfera le plus de gens en mécontentant le moins de gens possible. L'algorythme est très lourd ; il se résume très simplement : vous prenez une pièce de monnaie et vous tirez à pile ou face, comme auparavant...
Cela n'est pas une plaisanterie. Les hommes, lorsqu'ils s'arrogent un pouvoir qui dépasse leur sagesse, sont obligés d'inventer des garde-fous qui les retiennent de leur folie ! »

corps, âme et esprit. S'en tenir au seul critère biologique implique donc la négation de la dimension spirituelle de l'être humain qui est de loin sa dimension la plus importante. En tant que dimension de relation, en effet, elle fait de lui non pas un corps ou un psychisme, mais *une personne*. Le professeur SIEBECK, de Heidelberg, a dit que ce qui fait la personne, c'est *l'interpellation*. C'est parce que l'homme est interpellé par Dieu qu'il se sent une personne devant lui. Et Dieu l'aime tel qu'il est, quelles que soient ses caractéristiques physiques, psychologiques et spirituelles. Personnellement, je ne crois pas qu'un chrétien ait le droit de laisser condamner à mort un fœtus malformé sous le prétexte — que je juge inacceptable — que sa qualité de vie biologique risque d'être compromise. Encore moins lorsque le sexe de l'enfant à venir ne correspond pas à celui que l'on voudrait ! Pour plus de détails, lisez les chapitres 9 et 10 de mon ouvrage *Et Dieu donna la vie*.

— Je crois que je suis d'accord avec vous en ce qui concerne les malformations ne touchant pas au système nerveux du fœtus. Mais que dire des handicapés mentaux ?

— J'en parle longuement aux chapitres 11 et 12 du même ouvrage. C'est effectivement un problème très difficile à résoudre car très douloureux. En résumé, deux axes de réflexion devraient néanmoins nous permettre d'y voir plus clair :

1. Jean VANIER, un Canadien français catholique, a créé un mouvement international pour les retardés mentaux : les communautés de l'« Arche ». Dans sa vie parmi eux, VANIER a été impressionné par la réalité et la simplicité de la dimension spirituelle des retardés mentaux :

« Qui osera dire, demande-t-il, que dans cette simplicité, leur compréhension et leur connaissance personnelle de Jésus-Christ, dénuées de préjugés à son sujet, ne sont pas plus valables et plus profondes » ?

Incapables qu'ils sont d'argumenter théologiquement ou d'exécuter des actes réfléchis et rationnels, ils sont pourtant capables de vivre une vie de foi, d'espoir et d'amour. Voilà ce qui compte aux yeux de Dieu. Voilà les critères que nous devrions prendre en considération. Et enfin, voilà pourquoi la définition du terme « qualité de vie » est incomplète et erronée si elle ne tient pas compte de la dimension spirituelle de l'être humain.

2. En tant que médecin, je suis en contact avec des familles ayant un enfant handicapé. Témoin de la façon dont elles assument cette situation, j'ai beaucoup de respect et de compassion pour elles. Songeant à des parents chrétiens qui ont accueilli l'enfant inadapté, je me pose cette question : « Au travers de leur expérience, ne perçoivent-ils pas plus profondément le but suprême de Dieu à leur égard ? » Je m'explique : en acceptant une I.T.G. et donc en éliminant la terrible douleur qu'ils ont ressentie en accueillant un enfant mentalement déficient, n'auraient-ils pas éliminé quelque chose d'autre ? N'auraient-ils pas perdu la circonstance que Dieu se proposait d'employer pour donner une autre dimension à leur vie... ?

— Vous me voyez perplexe : franchement, je n'avais jamais examiné ce problème sous cet angle-là... Je ne sais pas... Mais nous nous éloignons de notre sujet !

— Pas tant que cela ! Car le diagnostic prénatal des malformations fœtales était la première étape dans la revendication de l'homme pour une vie de qualité. Or ces mêmes considérations qualitatives conduisent maintenant à l'insémination artificielle avec donneur et à la fécondation *in vitro* dont le but à court terme est d'améliorer la qualité de vie de certains couples stériles en leur permettant de devenir parents. Très bien. Mais à long terme cela va beaucoup plus loin puisqu'il s'agit de garantir à tous la fabrication d'embryons de qualité !

— Oui, mais alors ne suffit-il pas de considérer uniquement ces techniques comme une solution légitime au douloureux problème de la stérilité ? Faut-il vraiment s'inquiéter d'hypothétiques conséquences à long terme ?

— Dans la mesure où il s'agit d'une réelle révolution, nous avons le devoir de réfléchir à **toutes** les implications qu'elle comporte. Car pour moi, le fond du problème c'est le désir qu'a l'homme de chercher par tous les moyens à améliorer la qualité **biologique** de sa vie. Cela induit des questions concernant la valeur de la vie humaine que l'on relativise de plus en plus, en fonction de critères personnels égoïstes. Cela crée un déséquilibre qui se manifeste par l'exagération de nouveaux désirs et de nouveaux besoins. De là, s'esquisse un monde nouveau, une nouvelle civilisation qui abolit les normes et les références morales de ses pères et qui en établit des nouvelles qui sont à la fois aléatoires, incertaines et subjectives.

Il faut donc savoir où nous allons, car les techniques maintenant à notre disposition peuvent modifier les êtres biologiques que nous sommes. Mais à mon point de vue, elles ne pourront jamais modifier radicalement la relation spirituelle qui existe entre Dieu et l'homme qui a accepté le Christ comme son Sauveur ; notre salut est scellé par le sacrifice de Jésus d'une façon irréversible. Dieu lui-même interviendra-t-il un jour pour mettre un terme à l'évolution pour le moins inquiétante des techniques qui remettent en cause l'intégrité de notre existence ? Personnellement, je le pense, mais cette conviction ne doit pas démobiliser notre vigilance.

Tout dépend donc de la façon dont nous allons nous servir de ces nouvelles techniques. En tant que chrétiens, nous devons plus que jamais rester attachés aux repères solides que nous donne la Bible ; elle seule, en effet, permet d'orienter nos pensées et nos actions pour expérimenter une vie humaine de qualité.

— La technologie médicale actuelle vous fait donc peur ?

— Oui et non. Car les progrès de la technologie médicale sont autant une promesse et un espoir qu'un spectre et un danger potentiel pour l'humanité.

— Expliquez-vous.

— A l'heure actuelle, il est évident que les progrès de la technologie révolutionnent notre vie quotidienne. Notre société est devenue de plus en plus dépendante de la technologie ; sans elle notre existence moderne est quasi impossible. Dépendants de la technologie, nous avons été moulés, changés par elle. Nos mentalités ont évolué. Nos attitudes se sont transformées. De nouvelles priorités de travail et de loisirs sont apparues. Notre corps et notre esprit aspirent à de nouvelles conquêtes. Le danger pour l'homme, c'est d'être conditionné par la technologie.

Cet asservissement à la technologie a des conséquences économiques car il coûte cher, religieuses puisqu'il est matérialiste athée dans sa conception, et même politiques car il menace la liberté individuelle. Par contre, l'utilisation mûrement réfléchie de nos possibilités techniques actuelles peut contribuer à une expérience humaine de plus grande qualité. Car une vie de qualité est celle qui se caractérise par l'expression de la liberté et de la responsabilité individuelles. C'est celle qui maîtrise la technologie et qui refuse de se laisser asservir aveuglément par elle.

— Justement ! En ce qui concerne la technologie médicale, les chercheurs nous disent qu'elle est en train de résoudre un grand nombre de nos dilemmes, qu'elle est indispensable pour contribuer au bonheur de l'homme. L'un des meilleurs exemples est le contrôle des naissances.

— Beaucoup d'hommes de science, c'est vrai, proposent des solutions technologiques à nos dilemmes. Une grossesse non désirée, par exemple, peut très aisément et sûrement être éliminée par un geste technique remboursé par la sécurité sociale. Malheureusement, le technicien de l'I.V.G. ne sera plus là pour soigner les conséquences humaines à long terme de son geste : je pense notamment aux séquelles psychologiques graves, aux dépressions, aux blocages, aux remords et autres sentiments de culpabilité, à la frigidité, aux mariages brisés et j'en passe... A-t-il déjà réfléchi au prix humain à payer à la technologie ?*

---

* Note de l'auteur : Voici un extrait de la rubrique « Courrier » de l'*Événement du jeudi* du 7 au 13 février 1985 :

« Poste de télé en fond sonore un soir dans une bonne famille française. J'attrape quelques mots d'un responsable politique sur l'I.V.G. (TF1). Sifflement à mes oreilles. Il disait (à peu près) : « L'I.V.G. est pour les femmes un moyen de se dire : peu importe la contraception, l'I.V.G. reconnue et remboursée est là pour me tirer d'affaire en cas de problème. »

J'avais seize ans quand j'ai suivi les pancartes jusqu'au 3e étage, fond du couloir à gauche ; j'avais seize ans quand j'ai payé 600 francs (en liquide) à

En ce qui concerne le contrôle des naissances, nos prouesses techniques en la matière sont un exemple de la relativisation grandissante de la valeur de la vie humaine en médecine. En effet, pas de problèmes majeurs pour les méthodes classiques qui, s'exerçant *avant la conception*, sont des moyens légitimes de contraception dans le cadre du mariage. Mais actuellement, grâce aux nouvelles méthodes hautement sophistiquées que nous peaufinent les laboratoires, c'est l'œuf fécondé lui-même qui est visé, avant sa nidation dans l'utérus. Ce n'est plus de la contraception mais de la contragestion dont le stérilet, les pilules du lendemain, le RU 486 et les prostaglandines sont les chefs de file. Au nom du « mieux être » proposé par la technologie dans ce domaine, la « nouvelle contraception » prône ces méthodes antinidatoires que je rejette catégoriquement.

— Pourquoi ?

— Parce que la vie humaine débute à la fécondation et non une semaine plus tard lors de la nidation de l'œuf fécondé dans l'utérus : chacun sait que c'est à l'instant de la fécondation que la cellule du père et celle de la mère fusionnent ; ainsi unies, ces deux cellules forment l'œuf fécondé et sont le point de départ d'une nouvelle vie humaine. Prises séparément, ni l'une ni l'autre ne vivraient plus d'une dizaine d'heures au maximum. C'est véritablement la fusion d'un spermatozoïde et d'un ovule qui donne naissance à une nouvelle vie chargée de caractéristiques propres et d'un héritage unique, différent de celui de chaque parent. Dès la fécondation, nous avons affaire à un individu doué d'extraordinaires possibilités de développement, d'une énergie et d'un potentiel de vie inima-

---

une clinique de Lyon le soin de m'arracher du ventre quelque chose que j'étais incapable d'imaginer. Et je me fiche de ce que pensent les gens. Je ne me souviens plus que d'une chose : la douleur infernale, une impression de dégoût, le malaise pendant plus de six mois. Je n'ai jamais autant souffert dans ma chair et dans mon cœur qu'en cette fin d'été. Sans personne à qui parler (...) je n'ai pas besoin que l'on me plaigne (...) je veux simplement demander : comment font tous ces hommes pour parler de l'I.V.G. ? Ne savent-ils pas que l'avortement est une chose terrible ? »

ginables, et qui est capable de vivre des dizaines d'années. Dès cet instant précis, se déclenche un *processus continu*, ininterrompu et étendu, avec développement et déclin dans le temps. Ce qui a été disposé au moment de la fécondation prend les formes visibles qui sont conformes à l'âge et auxquelles nous donnons des noms différents : embryon, fœtus, enfant, adolescent, homme jeune, adulte, homme âgé, vieillard. Cependant, ces expressions désignent toujours la même personne. Son essence reste toujours la même : l'homme est *personne*, il n'est jamais objet ; le philosophe KANT dit *qu'il est un but en soi*, et il a donc droit à la vie dès la fécondation. D'ailleurs, le professeur Jérôme LEJEUNE, directeur des instituts de génétique fondamentale à la Sorbonne, confirme que le bébé-éprouvette constitue l'ultime preuve expérimentale et incontestable du début de la vie humaine au moment de la fécondation. Si l'ovule fécondé artificiellement en laboratoire ne contenait pas de vie humaine, raisonne-t-il, sa nidation, c'est-à-dire son implantation dans la matrice, ne pourrait jamais conduire à la naissance d'un enfant. Voilà les raisons pour lesquelles je rejette en bloc l'ensemble des méthodes antinidatoires*.

Enfin, à long terme, on nous annonce que les limites et les contraintes de l'existence seront bannies grâce aux manipulations génétiques. Voilà donc que se profile à l'horizon un nouveau type d'être humain ayant de nouvelles valeurs et de nouvelles capacités. Un être humain sélectionné génétiquement, contrôlé, « amélioré », bref un parfait spécimen du genre humain. Un homme idéal dont la raison sera développée de façon illimitée, dont les instincts seront étouffés et dont les manifestations affectives spontanées seront supprimées. Et c'est là que réside le plus grand danger. Car on laisse croire que c'est grâce aux manipulations génétiques qu'un tel spécimen humain pourrait être amélioré rationnellement et moralement.

Je dis que c'est une utopie, car un être humain aux instincts

---

* Pour plus de précisions, lire *N'oublie jamais la vie — La Contraception jusqu'où ?* du même auteur aux éditions LLB.

et aux sentiments à ce point contrôlés ne serait plus qu'une monstruosité humaine dépourvue de sentiments normaux. Figé dans une attitude sèche, cet « homme nouveau », sans affectivité et sans cœur, serait froid, cruel, déshumanisé. Cette conception rationaliste de la vie humaine est en flagrante opposition avec l'enseignement biblique. Et c'est là que vous, théologiens, vous devez réagir.

— Nous réagissons, croyez-le bien ! Seulement laissez-nous quand même le temps de réfléchir pour bien évaluer la nouvelle situation !

— Oui, mais le temps presse ! L'avance technologique est si rapide en médecine actuellement qu'elle est en train de prendre notre réflexion de vitesse ; ce faisant, elle nous asservit à elle sans nous laisser la possibilité de réagir à temps. A nous donc d'évaluer quelles sont les valeurs humaines à préserver coûte que coûte, de manière à garantir un juste équilibre entre l'intelligence et les sentiments. Et surtout, à nous chrétiens de veiller à ce que jamais ne soit menacée l'intégrité de la personne humaine et donc sa relation avec Dieu.

Car il faut bien vous dire que nos anciens systèmes de valeur sont en train d'être radicalement transformés dans notre société technologique dont la conception fondamentalement matérialiste donne la priorité aux biens et à la jouissance immédiate. Il n'y a qu'un petit pas à franchir pour affirmer que ceux-ci sont d'une importance **ultime** ! Voilà le danger ! C'est donc un problème de priorités à définir et de limites à déterminer. Le tout est de délimiter les applications concrètes de la technologie médicale qui peuvent être envisagées, et celles qui sont dangereuses pour l'avenir du genre humain.

*
* *

Au moment de nous quitter, nous échangeâmes nos adresses,

nous promettant de poursuivre notre réflexion réciproque par voie épistolaire.

Le théologien semblait découvrir l'ambiguïté morale dans laquelle nous projettent les nouvelles techniques biomédicales dont les conséquences à long terme doivent être mûrement analysées. Et le médecin, lui, se sentait confronté à une crise de valeurs qui n'offre pas de réponses simples et à laquelle il n'est pas facile d'échapper. L'un et l'autre nous avions découvert que ces nouvelles possibilités techniques nous affectent en tant qu'être humain, dans nos rapports avec notre environnement et nos semblables et dans nos relations avec Dieu. Et puis elles nous placent devant cette grande question : quel est le but de la médecine moderne ? S'agit-il encore de soigner l'homme ou d'essayer en plus de le transformer ?

La médecine moderne illustre la puissance de la science contemporaine ; en effet, les applications pratiques des récentes découvertes scientifiques ne peuvent se réaliser sans le biais de la technologie médicale. C'est donc à ce niveau-là que doit s'exercer notre sens critique. Mais l'avance technologique est si rapide, et les médecins des gens si occupés, que notre réflexion a pris beaucoup de retard. De plus, l'évaluation des applications souhaitables de la recherche scientifique devient de plus en plus difficile à réaliser, car elle nous confronte à une crise de valeurs qui nous remet fondamentalement en cause.

Ainsi s'impose la définition de lignes directrices éthiques, l'éthique étant la science de la morale. Mais là encore surgit une difficulté : ne procédant pas de la science elle-même, ces directives éthiques sont extérieures à la médecine ; leur nature dépend du contexte religieux, politique et social. Elles sont cependant indispensables pour le scientifique, étant donné que sa connaissance permet non seulement de décrire le monde mais aussi de le contrôler. Sans elles, l'humanité serait à la merci des forces naturelles, des espèces animales dangereuses pour l'homme et des maladies dévastatrices. Une approche technologique de la médecine peut donc être valable pour éradiquer certaines maladies à l'échelon mondial, même si elle est très onéreuse ; mais elle est insuffisante pour promouvoir la santé d'une façon positive. En effet, elle ne saurait prendre suffisamment en compte les facteurs émotionnels, socioculturels et spirituels qui, tous ensemble, façonnent l'individualité de chaque personne.

Une éthique saine est donc nécessaire pour donner une bonne orientation aux applications scientifiques, indépendamment des canons de la collectivité qui changent selon les époques et les pays. Une éthique équilibrée, qui prend en considération les facteurs humains et qui refuse de les laisser aliéner par la seule technologie. Une éthique courageuse rappelant à l'homme qu'il doit maîtriser la technologie plutôt qu'être dominé par elle parce que Dieu l'a voulu responsable de ses actions. Son humanité est une *fin en soi* et jamais un moyen par lequel l'avenir de la race humaine pourrait être compromis ou menacé.

Jean-François avait donc raison de souligner que bien des chrétiens craignent les applications pratiques des découvertes scientifiques ; ils ressentent que certaines d'entre elles s'opposent aux principes bibliques. Pour ma part, je pense que cette crainte tient à la puissance actuelle de la science qui est maintenant capable de percer certains secrets de la vie humaine et de l'univers sans avoir recours au Créateur ; ainsi la science, en donnant parfois l'impression d'être aussi puissante que Dieu, peut être ressentie comme une rivale pour notre foi au Dieu de la Bible.

En fait, Dieu étant le créateur de l'univers et de l'homme, cette crainte n'est pas fondée ; de tout temps c'est lui qui a eu le dernier mot dans l'histoire de l'homme. Le récit de la tour de Babel en offre un exemple saisissant (Genèse 11: 1-9). L'occasion est donc fournie aux chrétiens de réfléchir, et également d'approfondir les principes bibliques qui définissent la signification et la valeur de la vie humaine.

La Bible affirme que chaque individu est unique et pareillement important aux yeux de Dieu (Ps 139: 14-17 ; Jé 1: 4,5). Chaque être humain est respectable en ce qu'il porte en lui des caractéristiques qui ne sont pas seulement biologiques mais aussi spirituelles. Il possède une dignité et une valeur nettement supérieures à celles que lui reconnaît la société, car elles lui sont conférées par son Créateur. Elles se manifestent, non pas dans les performances que nous sommes capables d'accomplir, mais dans le simple fait que Dieu nous aime et que Jésus-Christ est mort pour nous (Jean 3: 16). De ce point de vue, même les malformés et les handicapés mentaux sont importants dans le dessein de Dieu ; nous avons à les respecter et à les aimer.

C'est là qu'il convient de réfléchir à ce que nous considérons comme étant normal ou anormal. En effet, l'avance technologique en médecine est en train de transformer complètement nos critères d'une expérience humaine dite « normale ». Beaucoup de gens me disent qu'ils ont le droit de vivre sans maux de tête, sans maladie infectieuse, sans dépression, sans stress ni tension et aussi sans aucune malformation physique. Et je suis heureux de pouvoir contribuer quotidiennement à leur guérison ou tout simplement à leur « mieux être » par une prescription médicale appropriée. Mais il ne faudrait pas que grâce aux nouvelles techniques biomédicales, la notion de « droit à la santé » évolue vers celle de « droit au bien-être biologique » caractérisée par le fait qu'une vie humaine dite « normale » permette une jouissance égoïste à tous les niveaux. Car c'est au nom de cette nouvelle notion que l'on tranche : telle vie humaine a le droit d'être protégée, telle autre ne l'a pas car elle entrave notre convenance personnelle.

En matière d'I.V.G., par exemple, alors que depuis des millénaires la question universelle pour les médecins était de savoir *comment* un fœtus devait être traité et protégé, actuellement on se demande *si* tel fœtus a le droit de vivre. A la limite, une telle conception postulera uniquement sur des considérations économiques que des individus normaux et en bonne santé sont préférables aux personnes malformées ou simplement de santé précaire... La société technologique moderne peut-elle ainsi s'arroger le droit de vie ou de mort sous le seul prétexte que tels enfants sont biologiquement inférieurs à tels autres, trop chers à élever et à soigner, ou simplement non désirés, ou que leur sexe n'est pas conforme aux désirs des parents ? Sont-ils « anormaux » pour autant ? Non. Car c'est tout naturellement que leur « normalité » peut être soumise à des variations, sans que cela remette en cause leurs caractéristiques de personnes humaines uniques, créées et aimées par Dieu.

Dans ce nouveau contexte, nous devons affirmer avec force et détermination la valeur inhérente de tout être humain créé à l'image de Dieu, qu'il ait ou non une valeur fonctionnelle dans notre société. Car nous ne saurions admettre le principe selon lequel seule importerait la qualité biologique de notre vie. A long terme, cela nous conduirait tout droit à l'eugénisme, à la déshumanisation. Nous verrons plus loin que Hitler a fait école, même si l'emballage est différent.

Pourtant, je suis convaincu qu'il y a de l'espoir car Dieu reste et restera le maître souverain de l'homme (Apocalypse 1: 18). Dans notre monde technologique, les possibilités d'aliénation sont légions. La déshumanisation est un danger bien réel qui existe déjà et qui nous guette à chaque nouveau progrès de la science. La recherche doit progresser, mais nous devons réfléchir à l'application pratique des nouvelles connaissances. Nous devons exercer notre sens critique avec responsabilité et humilité, dans le but de situer la limite entre le possible et le souhaitable. Car rien ne serait plus dramatique pour nous que de perdre notre capacité de pouvoir accepter le « moins que parfait »...

Chapitre 2

LA NOUVELLE DONNE

Cher Samuel,

Je pense que tu te souviens de l'entretien que nous avons eu à M... il y a trois semaines. En nous quittant, nous avions convenu de nous tutoyer, d'où cette liberté que je prends ici !

D'abord, un grand merci de m'avoir consacré tant de temps ce soir-là. Ce fut un échange passionnant et enrichissant qui m'a donné matière à réflexion.

Certainement t'es-tu posé la question après coup de savoir pourquoi je t'avais « branché » sur ces problèmes de manipulations de la vie humaine... ? Il y a une raison personnelle à cela ! Seulement voilà : je suis d'un naturel peu expansif, et je crains de me livrer comme ça, spontanément, sans bien connaître mon interlocuteur !

Mais j'ai confiance en toi et je pense qu'un jour je te livrerai mon problème (...). Pour cela je suis prêt à faire le voyage jusque chez toi, en Alsace, si tu veux bien m'accueillir (...).

Pour l'instant, il est un point sur lequel je voudrais connaître plus précisément ton avis. Dans ta récente conférence chez nous, tu as parlé, entre autres thèmes, des conséquences à court et à long terme de la dissociation entre la sexualité et la procréation. A court terme, d'après toi, c'est le *droit* à la contraception. Je n'ai pas bien compris la différence que tu établis entre la contraception comme un possible, et le droit à la contraception qui, selon toi, serait un phénomène récent. En ce qui me concerne, en effet, j'ai l'impression que l'homme a revendiqué depuis toujours le droit à une contraception sans faille. Il me semble qu'il cherche simplement à vivre ainsi plus pleinement l'union intime du couple, ce qui est conforme à l'intention divine.

Une telle démarche balaye la conception erronée et combien répandue dans certains milieux religieux que « plaisir = péché » ; elle rappelle que l'acte sexuel fait partie des choses infiniment bonnes que Dieu a créées pour le couple qui s'aime. Médecin, tu es bien sûr d'accord sur ce point. D'autant plus qu'une vie sexuelle épanouie enlève l'appréhension des femmes qui, tout en se donnant avec joie à leurs maris, craignent la mise en route d'un enfant. La femme ne doit pas être exclue de la jouissance comme ce fut longtemps le cas avant l'ère de la contraception dite « sûre », et une certaine dissociation entre la sexualité et la procréation semble y avoir contribué positivement.

Cela dit, tu as justement insisté sur le fait que le droit à la contraception devait être examiné dans le contexte sociologique et moral actuel. Malheureusement, pris par le temps, tu n'as pas pu développer ce point. Aurais-tu donc la gentillesse d'argumenter ton analyse de la situation actuelle, car ces problèmes m'intéressent et me préoccupent tout à la fois ? Explique-moi aussi pourquoi, à long terme, la dissociation sexualité-procréation fait de l'insémination artificielle avec donneur et de la fécondation *in vitro* des « méthodes subversives en puissance », selon tes propres termes.

Avec tous mes remerciements et dans l'espoir de te rencontrer bientôt, je t'adresse mes salutations très amicales,

Jean-François

*
* *

La lettre de Jean-François me parvint à l'époque de la publication de l'ouvrage d'Évelyne SULLEROT : *Pour le meilleur et sans le pire.* A l'instar de nombreux sociologues, l'auteur constate que l'un des phénomènes les plus importants de notre époque est la brutale et soudaine désaffection pour le mariage. Le sociologue Louis ROUSSEL, par exemple, se demande s'il n'est pas plus exact d'appréhender la société moderne non plus par la famille, mais par l'individu qui serait finalement « la seule unité réaliste ». Il suggère de nommer « individualisme » une nouvelle éthique où l'individu cherche prioritairement à « se réaliser soi-même » et par tous les moyens.

D'après E. SULLEROT, il est évident que la crise actuelle du mariage en tant qu'institution est à mettre en corrélation avec la récente libération de la femme.

D'abord la femme moderne trouve sa sécurité dans une profession et non plus dans le mariage qui représentait autrefois sa seule façon de se réaliser. Et surtout, le *droit* à la contraception (par opposition à la contraception en tant que possible dans le cadre conjugal) lui permet de maîtriser parfaitement sa fécondité. Ce faisant, elle dissocie fécondité et vie sexuelle, étant bien entendu que le but essentiel de la sexualité est de se réaliser soi-même, que ce soit dans le mariage ou en dehors de celui-ci[1].

Deux questions fondamentales se posent alors, auxquelles nous essaierons de répondre successivement : quelles sont les causes d'une telle évolution des mœurs et quels en sont les effets ? Elles mériteraient, c'est évident, un long développement que je suis cependant obligé de limiter en fonction des objectifs de cet ouvrage.

LES CAUSES

Enfant de l'après-guerre, j'ai été élevé dans une famille chrétienne. Très tôt j'ai compris que le foyer est, par excellence, le lieu où l'homme en devenir se façonne et fait l'apprentissage de la vie. C'est la cellule où il doit apprendre la soumission, le respect d'autrui et l'acceptation de l'autorité. C'est l'école où il se forme au don de soi, à l'art de servir, et où il reçoit l'amour de Dieu. Ainsi, tout ce qui nuit à la famille porte préjudice à la société et à l'église. Voilà pourquoi, à l'heure actuelle, certains courants de pensée s'emploient à la discréditer et à la démembrer. A mon avis, quatre grands événements expliquent la crise sans précédent que traversent actuellement le mariage et la famille :

1 - *La vitesse d'évolution du savoir, des idées et des mœurs :*

Dans les années 50, on assiste à une véritable explosion du savoir scientifique. La génération de l'après-guerre est soudain plongée dans une profusion incroyable d'idées nouvelles et de projets révolutionnaires. Dès qu'une réalisation extraordinaire semble faisable, il y a toujours un savant pour la tenter. Grâce à la rapidité de transmission des informations par les médias, n'importe quel scientifique peut acquérir la célébrité et une réputation mondiales du jour au lendemain, s'il découvre ou accomplit quelque chose de sensationnel.

Mais l'aisance des communications entraîne aussi un vaste brassage des idées nouvelles ; il en résulte une évolution très rapide de nos critères, de nos idéaux et de nos valeurs morales. Ce qui semblait impensable à la fin de cette décennie-là, comme par exemple une loi sur la contraception, est légalisé dix ans plus tard en France (c'est la loi NEUWIRTH de 1969). Ce qui au moment du vote de cette loi semblait impossible — à savoir une loi autorisant l'interruption volontaire de la grossesse — est voté en 1974. Ainsi, ce que nos aînés considéraient comme immoral il y a quelques années encore, devient soudain, grâce à l'appui massif des médias, moral, normal, scientifiquement défendable, légalement codifié au seuil des années 80.

Il est évident que notre société s'engage ainsi dans une grande mutation préparée, comme toujours en pareil cas, par un climat et un discours particuliers. A l'heure actuelle, des voix se font entendre qui, à grand renfort de presse et de petit écran et avec véhémence, revendiquent le droit à l'infanticide, à l'euthanasie, à l'homosexualité... Si le mouvement ne s'inverse pas, on peut craindre que les principes moraux des années 90 ou de l'an 2000 soient encore plus laxistes, plus arbitraires qu'ils ne le sont présentement. On peut aussi imaginer le retour d'un puritanisme outrancier...

2 - *Le confort et la prospérité :*

La crise du mariage est une conséquence de la prospérité des années 60. Tant qu'une société est pauvre, le mariage est solide car il représente la sécurité économique. Mais dès qu'elle devient prospère, le confort permet de vivre seul et la richesse incline à la licence, ainsi qu'à l'indulgence et à la tolérance face à la vie privée : « Ça les regarde », dit-on.

Certains sociologues incriminent la conjoncture : si les jeunes ne se marient plus, c'est la faute au chômage et à l'insécurité. Pas du tout ! rétorque E. SULLEROT, c'est dans les pays les plus riches qu'on se marie le moins et qu'on divorce le plus. C'est le cas de la Suède, de la Suisse, des États-Unis, du Danemark, de l'Angleterre et enfin de la France. Mieux, ce sont les catégories socioprofessionnelles bénéficiant de la stabilité de l'emploi qui pratiquent le plus l'union libre[1].

En France, l'explosion du printemps 1968, que j'ai vécue comme étudiant, est à cet égard assez significative. Car ce que n'ont peut-être pas bien compris nos aînés, c'est que mai 68 a signé l'entrée soudaine sur la scène sociale des « enfants de la guerre ». C'est une génération nouvelle qui ignore les vieilles inhibitions de leurs parents, et qui est déterminée à apporter le changement. Issus de milieux plus aisés, ces jeunes ne connaissent pas pour la plupart la frustration de leurs prédécesseurs qui n'avaient pas fait d'études aussi poussées qu'eux. Ils n'ont connu ni la grande crise, ni la guerre qui ne sont rien de plus qu'un souvenir cauchemardesque dans la mémoire de leurs aînés. Jugeant la vie de leurs parents terne et morose, entre deux eaux — ni le meilleur, ni le pire — ils profitent néanmoins largement de leur confort et de leur prospérité. Et c'est précisément à la fin des années 60 que Louise DE VILMORIN remarque qu'« à notre époque, plus personne ne songe à se marier ». Et d'ajouter : « Sauf quelques prêtres... » Elle ne croyait pas si bien dire...

3 - *L'avance technologique et l'égologie :*

En médecine, environ 90 % de nos connaissances et de nos possibilités actuelles proviennent des découvertes scientifiques de ces 35 dernières années. Et pour les « nouveaux jeunes », la science est désormais là pour assouvir tous les désirs. Elle exerce sur eux une très grande fascination en leur offrant un éventail de plus en plus large de solutions de facilité même si par ailleurs elle est redoutée. La possibilité d'une contraception dite « sûre » en est l'exemple ; on la revendique de plus en plus systématiquement, que l'on soit marié ou non : « Pourvu qu'elle me permette de jouir, de m'épanouir et de me réaliser. »

L'influence universelle de cette nouvelle puissance technologique pousse l'homme à jouer au petit dieu sans se soucier de ce qui est juste ou injuste, bien ou mal. Chez nous, dans ce qui a été le berceau de la traditionnelle liberté et dignité de l'individu, l'idée s'infiltre, de manière profonde et durable, que *tout ce qui est techniquement possible est juste.*

Les profonds bouleversements qui s'ensuivent, la violence qui a libre cours, l'éclatement de la cellule familiale, ne font qu'exprimer le malaise d'une société qui se croyait libre d'abandonner l'héritage de ses pères. Car qu'est-ce que la technologie leur offre à ces nouveaux jeunes ? En matière d'amour, seulement la découverte qu'ils ne sont rien d'autre que des sujets. Non pas des sujets soumis à une société, à une autorité, ou à je ne sais quelle révélation, mais sujets d'une sexualité.

L'avance technologique dans ce contexte général d'évolution rapide des mœurs, de confort et de prospérité, a fondamentalement permis l'émergence du **moi**. La découverte de soi-même, sujet d'un désir et maître peut-être d'un plaisir, a éveillé chez chacun une écoute et une attention égocentriques. C'est mon corps qui compte plus que tout, ce corps auquel on doit des soins, de l'exercice et des aises et auquel on propose de nouvelles thérapies pour l'accomplissement de soi. Voilà donc qu'apparaît l'éthique du moi, centrée sur la satisfaction des désirs les plus divers, des pulsions naturelles et des passions. On prône la recherche d'une nouvelle authenticité et de l'individualisme, et on privilégie la sous-culture et le monde des sens.

Chacun redécouvre sa règle du « je » ! Celle-ci s'énonce de plusieurs manières : « Ça me plaît, alors c'est bon » ; « chacun pour soi et tout pour tous » ; « on ne vit qu'une fois » ; « après moi le déluge ». Ce qui fait dire à Gérard MERMET, l'auteur de *Francoscopie* : « Après l'écologie, voilà l'ÉGOLOGIE ». Ses défenseurs sont plus nombreux et motivés que les écolos, car beaucoup militent sans le savoir. La ressemblance entre les deux mouvements ne s'arrête pas à celle des mots qui les désignent. Tous deux se caractérisent par une volonté de retour à la nature : c'est à la nature humaine que l'égologie s'intéresse.

Pourtant, l'égologie, que l'on pourrait décrire comme la science du moi, diffère de « l'individualisme combinard ». Il s'agit d'un nouvel égoïsme dans lequel les spécificités de chacun ont priorité sur les valeurs vagues du groupe. Les manifestations de l'égologie sont présentes dans bien des comportements de nos contemporains qui proclament leur droit à la différence. Lorsqu'un choix se présente entre l'individuel et le collectif, les préférences se révèlent : le consommateur prend le pas sur le citoyen, le corporatisme défensif l'emporte sur le militantisme désintéressé, mon épanouissement personnel sur le projet du couple[2].

Dans cette nouvelle ambiance, croyez-vous que l'amour n'a plus sa place, qu'un homme et une femme ne ressentent plus le besoin de partager leurs aspirations et leur tendresse ? Bien sûr que non ! Mais comment justifier une union conjugale pour la durée de toute une vie ? De fait, l'institution du mariage se heurte aux nouvelles valeurs en cours, qui sont la tolérance, la sincérité et l'intensité. Ah l'intensité ! La garantir à tout prix nous épargnera de devoir traîner pendant 50 ans un grand amour qui, au fil des ans, s'est englué dans le train-train quotidien et les rôles prêts-à-porter !... Alors la solution ?

Préférer l'intensité de l'amour à sa durée. Si ça cloche, on se quitte. Tant qu'on est ensemble, on s'aime en restant libre de tout engagement, et sans faire de projet à longue échéance. La règle est de ne plus s'engager envers l'autre, et de prendre ses précautions envers soi.

4 - *Le rejet du Dieu de la Bible :*

La vitesse d'évolution du savoir, des idées et des mœurs, le confort et la prospérité, l'avance technologique, et l'égologie, fille de l'évolution philosophique, sont très exactement les ingrédients nécessaires et suffisants pour favoriser l'éclosion d'une nouvelle morale basée sur le rejet du Dieu de la Bible et la déification de l'homme. Le concept philosophique qui sous-tend cette nouvelle morale est l'humanisme-matérialisme athée, dont il convient de donner un mot d'explication, au risque de paraître sommaire.

D'abord le matérialisme. Sa position philosophique de base considère la matière comme la seule réalité. Ainsi les matérialistes ne vivent qu'en pensant aux satisfactions du corps, et plus précisément à leur propre satisfaction. Il est d'ailleurs fort intéressant de noter que ce concept n'est pas nouveau dans l'Histoire. En effet, les historiens décrivent d'abord le matérialisme antique représenté par Démocrite, Lucrèce, et surtout Épicure qui vécut de 341 à 270 avant Jésus-Christ. La Bible elle-même nous parle des Épicuriens à propos de leur rencontre avec Paul à Athènes, en Actes 17, verset 18. Ces disciples d'Épicure considéraient que la recherche de la vérité au moyen de la raison était vaine. Ils recherchaient plutôt la véritable jouissance que procure l'expérience. Aussi sont-ils troublés par les paroles de Paul et ne comprennent-ils pas la nouvelle doctrine qu'il prêche. Ils sont perplexes : « Que veut donc bien dire ce discoureur ? Quelle est cette nouvelle philosophie qui fixe la barre des références non plus au niveau de l'homme mais à celui de Dieu. Dieu ? Connais pas ! »

Deux mille ans plus tard apparaît le matérialisme mécaniste, selon lequel l'homme n'est rien d'autre que le produit des circonstances. Il est défendu par Gassendi, Helvétius, d'Holbach, la Mettrie, d'Alembert et surtout Diderot et Voltaire. Voltaire, cet esprit pratique, hostile à toute métaphysique, fondera sa morale naturelle sur la bienfaisance et la tolérance. A cette époque se fait déjà sentir le concept selon lequel le mal n'est pas toujours aussi mal que ça...

Puis, au début de notre siècle, la grande révolution matérialiste s'opère par l'avènement du marxisme. C'est à ce moment-là que la boucle est bouclée car le 20e siècle voit également l'avènement de *l'humanisme intégral*. Non plus l'humanisme de la Renaissance, mais l'humanisme total qui débute au niveau de l'homme et qui fait de lui la référence absolue. D'après ce concept philosophique, l'homme représenterait le produit ultime d'un processus évolutionniste progressif et renfermerait un potentiel insurpassable. Il n'est donc plus nullement tenu de rendre compte de sa conduite à qui que ce soit.

On répand l'idée que la vie humaine est le résultat d'une série d'accidents biologiques complexes et continus : selon Jacques MONOD, le prix Nobel de médecine, l'homme est le produit du hasard et de la nécessité ; nécessité des lois naturelles et hasard des variations qui apportent de temps en temps quelque chose de nouveau. Le hasard, c'est le nouveau dieu des hommes de science. En elle-même, cette conception de l'homme n'est pas neuve, car elle s'était déjà exprimée sous différentes formes philosophiques telles que l'existentialisme, le déterminisme, le nihilisme, le radicalisme, mais toujours dans un cadre relativement fermé, réservé à « l'élite pensante ».

Ce qui est nouveau, c'est son adoption à l'échelle mondiale en une période qui est celle des masses emportées soit par le marxisme, soit par le libéralisme. De plus, cet humanisme-là est à la fois athée et matérialiste dans sa philosophie. En effet, l'humanisme intégral rejette l'idée d'un Dieu supernaturel, omniscient, tout-puissant, créateur de toutes choses et en particulier créateur de l'homme. Non, tout à coup on nous dit que l'univers a toujours existé d'une façon ou d'une autre, et que sa forme actuelle résulte de différents événements plus ou moins liés au hasard et qui se sont succédés dans le temps. Et puis, c'est à l'homme de décider ce qui est bien ou mal, le critère retenu étant fondamentalement la jouissance des biens matériels en tant que fin en soi et but principal de la vie. C'est donc bien le mariage, au début du siècle, de la révolution matérialiste marxiste avec cet humanisme intégral, qui amène la société occidentale à rejeter l'existence de Dieu et donc la véracité et l'autorité de la Bible, Parole de Dieu aux hommes. Cette négation de Dieu entraîne à l'échelle mondiale l'adhérence à une nouvelle croyance en l'Homme, cet homme qui devient la nouvelle référence. Ainsi l'expression « humanisme athée » traduit tristement un double athéisme : un premier qui nie l'existence ou la présence de Dieu, et un second qui met l'homme à la place de Dieu.

L'analyse que fait Alexandre SOLJENITSYNE dans *Sélection* de décembre 1985 est particulièrement intéressante : « J'ai passé près de cinquante ans à étudier l'histoire de la Révolution russe. J'ai, au cours de ce travail, lu des centaines d'ouvrages, recueilli des centaines de témoignages individuels. J'ai moi-même contribué à déblayer les décombres qu'elle a laissés. Or si l'on me demandait aujourd'hui de formuler, de façon aussi concise que possible, la cause principale de ce désastre qui a englouti près de 60 millions de mes compatriotes, je ne pourrais mieux le faire qu'en répétant à mon tour : « Les hommes ont oublié Dieu ; voilà pourquoi tout cela est arrivé. » Les défaillances de la conscience humaine privée de sa dimension divine ont été un facteur déterminant de tous les crimes majeurs de notre siècle... Imperceptiblement, après des dizaines d'années d'une lente érosion, la vie en Occident a cessé d'avoir un idéal plus élevé que celui de la « recherche du bonheur ». Les concepts de bien et de mal ont été ridiculisés et bannis de l'usage courant. On leur a substitué des considérations de classe sociale ou des clivages politiques qui n'ont de valeur qu'éphémère... Toutes les tentatives pour sortir le monde actuel de son triste état seront vaines, à moins que, pris de repentir, nous ne rectifiions l'orientation de notre conscience pour la tourner, à nouveau, vers le Créateur de toutes choses. Le sens de la vie n'est pas dans la poursuite de la réussite matérielle, mais dans la quête d'un progrès spirituel... En lieu et place des espoirs inconsidérés des deux derniers siècles, nous ne pouvons que proposer la recherche persévérante de la chaleureuse main de Dieu, dont nous avons méprisé le secours avec tant de témérité et d'outrecuidance. C'est ainsi seulement que nos yeux cesseront d'être aveugles devant les erreurs de notre infortuné vingtième siècle, et que nous pourrons nous employer utilement à les corriger. »

En 1973, un groupe d'humanistes tels que SKINNER, Alan GUTTMACHER et Lester KIRKENDALL publient un document intitulé *Humanist Manifesto II.* A titre d'exemple, voilà trois des affirmations qu'ils y développent :

a. Nous n'avons pas de preuves suffisantes pour croire à l'existence d'un être surnaturel ; une telle croyance n'a pas de sens et ne répond pas de façon adéquate au problème de la survie et de l'épanouissement de la race humaine.

b. Les promesses d'un salut dans l'au-delà, la peur d'une damnation éternelle sont à la fois illusoires et nocives. Elles détournent l'homme des problèmes présents, l'empêchent de s'épanouir ici-bas et de corriger les injustices sociales. Il n'y a pas de preuves tangibles d'une survie après la mort du corps.

c. Nous déclarons que les valeurs morales découlent de l'expérience humaine. L'éthique est AUTONOME et SITUATIONNELLE, et ne nécessite aucune sanction théologique ou idéologique.

D'après *Manifesto*, il est évident que les humanistes :

1. Nient l'existence de Dieu et du surnaturel. Il s'agit donc bien d'un humanisme athée.
2. Récusent l'existence d'une vie après la mort. Leur philosophie est donc bien matérialiste puisqu'il s'agit de profiter pleinement du moment présent : « Mangeons, buvons et jouissons, car demain nous mourrons. »
3. Affirment que les principes religieux n'ont aucune influence sur la morale. En d'autres termes, l'homme est sa propre loi. C'est donc bien l'écoute de soi, l'éthique du moi. C'est l'individualisme intégral où l'homme n'a besoin d'aucune puissance supérieure pour le guider.

Ainsi, il est clair que le but essentiel de notre société actuelle est d'établir des normes nouvelles pour un comportement nouveau. En niant l'existence du Dieu de la Bible, elle marque bien sûr son mépris des dispositions que le même Dieu, dans sa sagesse infinie, a prévues pour les hommes de tous les temps afin qu'ils trouvent le vrai chemin de la vie. C'est ici que le matérialisme-humanisme athée se montre sous son aspect le plus dangereux. Sous les traits attrayants d'un libérateur du genre humain, il promet de délivrer l'homme de toute servitude vis-à-vis de l'idée erronée qu'il existe un Dieu vivant ! Or, en fin de compte, par cette pseudo-libération, l'homme s'asservit à la tyrannie redoutable de ses passions. Il est véritablement un dieu pour lui-même. Sa raison d'être sur la terre est de laisser libre cours à sa vanité, de servir ses intérêts égoïstes, de refuser l'autorité d'autrui — plus encore celle de Dieu —, de vivre comme s'il n'avait aucune obligation, aucune responsabilité envers quiconque, et de revendiquer ses droits.

Voilà en substance les causes majeures de la dégradation actuelle de nos mœurs. Elles ne doivent cependant pas nous éviter de nous interroger de façon sérieuse sur le rôle pour le moins néfaste des divisions des chrétiens, de la distance qui existe trop souvent entre leur discours et leurs actes, du manque de vie dans les églises. Que dire encore des guerres qui opposent des nations qui se disent les gardiennes des valeurs chrétiennes... ?

LES CONSÉQUENCES

En quoi l'idéologie matérialiste et la philosophie humaniste athée apposent-elles leur empreinte sur notre façon de penser ? Comment influencent-elles notre ligne de conduite ? Quelles en sont les conséquences sur notre mode de vie actuel ? Pour répondre à ces questions, j'analyserai quatre nouveaux phénomènes sociaux qui sont autant de conséquences concrètes de cette nouvelle idéologie.

1 - *La nouvelle génération :*

Les enfants nés après 1968 sont aujourd'hui nos adolescents. Leur enfance s'est déroulée au début de la récession économique, de la crise de l'énergie, de la montée du chômage, du réveil à l'écologie puis à l'égologie. Surtout, ce sont les enfants qui ont vécu la remise en question du mariage, la dislocation de la cellule familiale. Ils subissent les conséquences des séparations et des divorces, et notamment la disparition de plus en plus fréquente des activités familiales communes. Chacun mène sa vie dans le petit univers bien à lui qu'il s'est façonné. Et comme le temps de rencontre entre parents et enfants est de plus en plus réduit, les temps de rencontre avec les amis sont privilégiés.

Pour les ados d'aujourd'hui, le monde des adultes apparaît à la fois fascinant et dangereux. Cette fascination les incite à être adolescents plus tôt, mais le sentiment du danger, la crainte du chômage, par exemple, les poussent à devenir adultes plus tard et à retarder leur intégration à la vie professionnelle qui conditionne l'accès à l'autonomie.

Quant à leur vie affective, ils ne sont guère préparés à l'assumer de façon responsable, tant la crainte de l'échec dans le mariage est grande. Beaucoup refusent de vivre ce que leur mère ou père a enduré. Certains verront dans cette attitude une justification inconsciente d'une approche égoïste de l'amour, mais je crois que ces réalités ne doivent pas être passées sous silence. C'est vrai, il y a et il y aura toujours des jeunes qui s'aiment, mais quel exemple ont-ils ?

Quel est le résultat de cette nouvelle situation ? Les adolescents poussés vers l'expérimentation, la découverte et la recherche de l'intimité, vont créer des liens très particuliers entre garçons et filles sous forme de ce qu'il est convenu d'appeler maintenant les « couples adolescents ». Ces derniers sont le produit de la libéralisation des mœurs sexuelles que nous connaissons depuis la fin des années 60. De plus, dans le contexte de permissivité ambiant, le principe du plaisir s'est développé ; il atteint une place de choix, il devient le but ultime de nos actes. Ainsi, pour les couples adolescents qui se font puis se défont, plus que la notion de plaisir, c'est la notion de plaisir *immédiat* qui prime. C'est l'impulsion du moment qui compte : « Ce que je veux, je le veux maintenant, tout de suite. » Qu'importent les conséquences à long terme. Je crois que de façon sous-jacente, ces comportements sont infantiles. On les retrouve jusque dans l'union libre : « C'est *mon* fric ! Toi tu as *ton* fric ! » Ils démontrent une carence dans l'éducation en ce qui concerne l'acquisition du sens des responsabilités. Qui s'en étonnera puisqu'il y a toujours moins de présence parentale effective ?

Actuellement, dès l'âge scolaire, le citoyen moyen est imprégné de sexualité par la presse, les mass-médias, l'industrie et la publicité qui savent admirablement exploiter ce genre d'aspiration. On prône l'amour libre quand on le veut et où on le veut, les expériences sexuelles précoces en l'absence de tout enseignement d'une authentique éthique sexuelle. Car qui dit « couples » dit bien sûr « relations sexuelles ». Il est un fait établi qu'à l'heure actuelle le flirt conduit de plus en plus systématiquement aux rapports sexuels. En outre, de plus en plus de jeunes ont des rapports sexuels à un âge précoce : en France, le rapport SIMON notait qu'en 1970 seule la moitié des femmes avaient connu leur premier rapport sexuel avant 21 ans, âge de leur majorité d'alors. Or, depuis cette date, en une douzaine d'années, l'âge moyen des premiers rapports s'est abaissé de 5 ans pour les garçons et de 6 ans pour les filles ! Une récente enquête réalisée sur des adolescents français entre 15 et 18 ans révèle que 45 % d'entre eux ont déjà eu des rapports sexuels (52 % de garçons et 37 % de filles). Car on enseigne que les pulsions, hétéro et homosexuelles, sont à considérer comme des instincts naturels qu'il serait dangereux de réprimer, chacun étant juge de leur meilleure expression.

Bien sûr, on se sent vaguement inquiet quand on nous parle de la recrudescence du SIDA et des dégâts que cette maladie risque de faire d'ici les années 90 ; mais on se rassure immédiatement en se disant que d'ici là, une fois de plus, la science aura réussi à vaincre ce terrible syndrome. Et l'on se gausse des déclarations alarmées du Professeur Georges MATHÉ, le cancérologue parisien de réputation mondiale qui, en septembre 1985, déclarait que 20 % des cancers sont sexuellement transmissibles.

D'après lui, en effet, des millions d'hommes et de femmes de par le monde — et singulièrement ceux qui changent souvent de partenaires — sont menacés par ces cancers. La cause, dit-il, c'est le relâchement des mœurs, la pilule pour tous, la facilité de l'I.V.G., car aujourd'hui, on peut avoir des relations sexuelles avec n'importe qui. En violant « l'éthique de la nature », la fréquence des jeunes filles dites « à risque » (c'est-à-dire porteuses de maladies sexuellement transmissibles) augmente de plus en plus[3].

Reconnaissons qu'actuellement on ne dit plus que c'est le Créateur qui a mis en l'homme l'instinct sexuel. On ne veut plus savoir que l'acte sexuel, accompli dans le cadre de l'union conjugale instituée par Dieu, est l'expression de l'une des plus grandes capacités que Dieu nous a données. On tait donc le fait que l'acte sexuel implique une *responsabilité* pour l'homme et la femme qui s'aiment réellement. Surtout en cas de procréation, de fécondation. Car l'enfant représente un effort et une responsabilité. Mais on refuse l'un et l'autre. On donne libre cours au désir sans respecter les intentions du Dieu créateur qui l'avait pourtant si harmonieusement disposé dans le cadre du mariage.

Nous verrons au chapitre 4 que c'est le livre de la Genèse qui établit fondamentalement la réalité du couple originel et l'excellence de la sexualité exercée *dans le cadre conjugal.* J'aime beaucoup la traduction de « la Bible à la Colombe » qui indique que la créature humaine est un « vis-à-vis », un « je » et un « tu » qui constituent le couple. Hélas, on n'enseigne plus dans nos écoles que dans le dessein de Dieu, la sexualité humaine ne s'inscrit pas dans la ligne de l'« avoir », mais bien dans celle de l'« être ». L'objet de l'amour ne consiste pas, en effet, en « choses », mais réside dans les « personnes » des époux, dans leur *être* même, dans ce qu'ils sont, fondamentalement, en tant qu'homme et femme. La femme n'est pas l'objet occasionnel du plaisir immédiat de l'homme. Elle est une personne vivante, créée pour être son vis-à-vis, son aide pour la durée d'une existence terrestre, et de laquelle il est tenu de répondre.

Mais on rejette ou on ignore l'intention divine, dont l'observation est pourtant le gage du bonheur de l'homme et de la femme. On admet à la fois le principe de la dissociation complète entre la sexualité et la procréation, et l'exercice de la sexualité en dehors du cadre conjugal. Et c'est dans ce nouveau contexte socioculturel, où l'amour du matérialisme fait que ce que l'on a devient plus important que ce que l'on est, qu'apparaissent les premières banques de sperme, et que sont réalisées les premières inséminations artificielles avec sperme de donneur. Combien de fois j'ai entendu dire qu'un don de sperme est assimilable à celui du sang ou d'un rein. Non ! car les spermatozoïdes sont porteurs des caractères personnels du sujet et véhicules de son hérédité. Ainsi, s'il est acceptable de donner le sang ou le rein que l'on **a**, est-il moralement admissible de donner, voire de monnayer, une partie de ce que l'on **est** ? Voilà le problème fondamental !

2 - *La nouvelle éthique sexuelle :*

Dans le *Guide pratique de la vie du couple* de Jacques WAYNBERG et David ELIA, nous apprenons que former un couple, ce n'est plus du tout se marier. Former un couple, c'est « découvrir ensemble le plaisir, développer le potentiel sexuel de chacun, parvenir à l'épanouissement par lequel passe le chemin du bonheur... »[4]. L'*Événement* n° 63 (16 au 21/01/86) sous le titre *Des « lettres » très confidentielles* écrit : « La nouveauté de l'année, qui en dit long, c'est l'éclosion, dans les kiosques, de revues, de lettres érotiques. Bonjour les phantasmes ! On garantit au lecteur de l'authentique, du simple, du vrai. C'est un ex-grand reporter d'un news-magazine bien connu qui a eu le premier l'idée de lancer *Lettres Magazine.* Un succès : 100 000 exemplaires vendus. Il édite dans la foulée *Lettres de femmes* (90 000). Attaqué sur un marché qu'il connaît bien, le groupe Filipacchi modifie son magazine *Union* (250 000 exemplaires vendus), en privilégiant le courrier de ses lecteurs.

Une vingtaine de titres, plus ou moins éphémères, se lancent bientôt sur le marché : *Sexe, Amour et Fantaisie, Absolu lettres, Couples, Femmes libérées, Privé lettres, Réponses gay.* Au total, toutes ces lettres érotiques se vendent à près de 500 000 exemplaires. Joli score ! Mais ce n'est (encore) rien à côté des ventes moyennes des magazines de charme, estimées entre un million et demi et deux millions d'exemplaires. Avec *Newlook* (410 616 exemplaires vendus, OJD 1984), *Lui* (366 653, OJD 1984), *l'Écho des savanes* (158 426, OJD 1984), le groupe Filipacchi se taille la part du lion. »

D'après les sexologues, ce sont les vacances qui, loin des entraves habituelles, permettent un enrichissement du vécu érotique. Elles peuvent servir à bâtir de nouveaux réseaux de communications érotiques, à capitaliser des souvenirs pour toute une année, à maintenir une excitation fantasmatique lorsque la morosité du quotidien reprendra ses droits. Mais pour réussir de telles vacances, il faut se préparer. Voici les « dix commandements » qu'a proposé J. WAYNBERG pour une telle préparation, au cours d'une récente interview donnée à une revue médicale[4] :

— Le premier concerne l'image du corps. Pour se réconcilier avec sa propre image, il faut être bien dans sa peau. Alors réglons nos problèmes de poids avant les vacances ! Car « le corps a un langage qui lui est propre, et la matière première de la séduction (...), c'est naturellement la morphologie du corps ». De sorte que « chaque individu smicard de l'érotisme onze mois sur douze profite de ses vacances pour aiguiser sa perception de soi, de la nature, de l'environnement et... des autres » !

— Puis vient l'immersion sensorielle. Le plus important, ce n'est pas de vouloir rencontrer quelqu'un de superbe, c'est de se préparer à l'environnement où l'on rencontrera des personnes avec qui une certaine affinité se produira. « De cet accord entre soi-même, l'autre et les perceptions de l'environnement, vont renaître l'émotivité, l'éveil des sens aux bruits, aux voix, à la nature, à la beauté, aux odeurs, aux parfums, au toucher, aux contacts. »

— Suit l'épuration du corps. Car pendant cette période de préparation, il faut que chacun pense au sevrage des toxiques, en arrêtant de fumer ou de boire.

— On entre dans le vif du sujet avec le savoir et le savoir-faire. Il faut penser à l'éducation sexuelle avant les vacances car, au retour, il sera trop tard : les timides, les maladroits reviendront bredouilles. « Celui qui part avec le projet de vivre pendant les vacances des moments d'émancipation doit savoir que la vie affective n'est pas le résultat d'un hasard. L'amour, c'est un savoir-faire dont la question essentielle est son efficacité émotionnelle. »

— Et puis il faut se divertir. « Que l'on vive seul ou en couple, la vie actuelle est souvent contraignante et ne laisse que peu de temps pour les activités de détente, de jeux, d'enrichissement culturel ou artistique ; il en est de même pour l'activité érotique. Or celle-ci est le type même de l'occupation de divertissement. Elle ne peut donc s'inscrire fructueusement que dans l'état de loisirs... »

— Il faut aussi élaborer des projets. Tous les projets sont bienvenus, mais il convient de s'organiser en conséquence.

— Et c'est là qu'il faut savoir choisir. Pour des activités enrichissantes, le choix du partenaire reste important. « Il ne faut pas faire l'économie du choix », car ce qui est le plus important c'est de « globaliser et de capitaliser les émotions, donc de choisir et de savoir refuser ».

— Capitaliser les émotions. « Ce qu'il faut éviter, c'est de vivre cette période privilégiée avec un partenaire privilégié dans des conditions aussi précaires que celles vécues quotidiennement. Il faut que cette période de vacances, privilégiée, mérite d'être vécue, donc que les choses soient prises au sérieux avec sérénité et enthousiasme... »

— Pudeur et érotisme. « Il y a beaucoup de gens qui trouvent les gestes tout seuls. Mais beaucoup d'autres aussi à qui il faut tout expliquer : quand faire l'amour ? Où ? Avec qui ? La réponse est simple : quand on en a envie, en prenant son temps, dans un environnement favorable...

Alors l'oubli égoïste des contraintes sociales et religieuses, des souffrances du monde, devient nécessaire à qui veut mener une vraie vie de femme ou d'homme et reprendre, au contact du plaisir d'amour, le courage dont il aura ensuite besoin pour affronter les risques, les tracas, l'existence quotidienne... »

Sans commentaire...

— Enfin le dernier « commandement », le couronnement de cette éthique égologique. Quel peut-il bien être à votre avis ? La plénitude de la vie ? La satisfaction ? Le bonheur retrouvé ? Non. Tout simplement, c'est... rompre !

« Sauf exception, l'organisation de la vie, à la rentrée, ne permet pas de poursuivre les relations établies pendant les vacances. C'est imprudent de le croire car c'est extrêmement rare. Alors le dernier commandement, c'est de pousser le plus loin possible la communication érotique, tout en la considérant comme précaire. Plus l'émotion sera grande, plus radicale sera la rupture, et plus les souvenirs seront capitalisés et utilisables. »

Il faut donc vivre intensément le moment présent, être à l'écoute de ses sens, chercher la jouissance immédiate... et puis rompre !

3 - *L'éclatement du mariage :*

L'hédonisme, qui est la manière de se conduire d'une société adonnée au plaisir, au loisir et à la richesse, tend à devenir la règle. L'égologie n'est que l'actualisation de cet hédonisme, cette culture athée fondée sur la fausse et dangereuse assertion que l'homme est sur terre uniquement pour se livrer au plaisir et à la jouissance. Notre « nouvelle culture » est donc païenne dans son essence, et par conséquent hostile à l'autorité et aux dix commandements du Dieu de la Bible.

LA DURÉE DES MARIAGES :

tableau des divorces

	En 1975	En 1980	En 1984
Moins de 1 an	66	50	46
1 an	1 135	1 088	1 083
2 ans	2 710	3 383	3 504
3 ans	3 718	4 661	4 984
4 ans	**4 006**	**5 202**	5 759
5 ans	**4 036**	**5 501**	**6 017**
6 ans	3 854	**5 345**	**6 025**
7 ans	3 396	**5 189**	**6 023**
8 ans	3 130	4 986	5 688
9 ans	2 837	4 954	5 584
10 ans	2 720	4 390	5 386
11 ans	2 452	3 858	5 069
12 ans	2 096	3 313	4 872
13 ans	1 737	3 031	4 592
14 ans	1 604	2 769	4 334
15 ans	1 495	2 535	3 942
16 ans	1 431	2 276	3 350
17 ans	1 261	2 047	3 087
18 ans	1 093	1 716	2 763
19 ans	1 091	1 516	2 644
20 ans	1 050	1 355	2 393
21 ans	973	1 276	2 034
22 ans	859	1 178	1 750
23 ans	775	1 055	1 523
24 ans	733	906	1 386
25 ans	658	853	1 201
26 ans	569	738	1 050
27 ans	515	592	905
28 ans	489	528	754
29 ans	424	524	717
30 ans	273	410	623
31 ans	170	408	521
32 ans	159	321	439
33 ans	155	294	376
34 ans	92	337	338
35-39 ans	319	657	1 093
40 ans et plus	225	447	577

Source : Ministère de la Justice,
Division de la statistique.

La plupart des mariages sont rompus avant une dizaine d'années.

Dans ce contexte, il est évident que le mariage en tant qu'institution d'origine divine est la cible privilégiée. Il n'est plus question de limiter l'exercice de la sexualité au seul cadre du mariage. Une telle conception est rétro, démodée, vieux jeu, et fortement suspecte d'une connotation religieuse du plus mauvais goût que notre jeunesse « branchée » ne saurait accepter, surtout si les parents n'ont pas offert l'exemple qui convenait.

Et pourtant, pendant très longtemps, le mariage a été d'une grande stabilité. L'un de nos premiers démographes, Adolphe QUÉTELET, statisticien du 19e siècle, ne craignait pas d'affirmer : « Le mariage suit une marche si régulière que les nombres annuels se reproduisent avec une constance plus grande que les phénomènes naturels. » En 1800, le nombre de mariages pour 1 000 habitants (dit « taux de nuptialité ») est de 75, soit 7,5 %. Or en 1970, on retrouve les mêmes chiffres !

Mais subitement, à partir de 1972 très précisément, les indices flanchent. D'après l'étude d'E. SULLEROT, si l'on considère uniquement la population des individus demeurés célibataires à 50 ans, on peut dire que d'un taux d'environ 6,5 % avant 72, on passe en 1982 à 37 % parmi les femmes ! Autrement dit, plus du tiers de nos concitoyennes ne se marient plus ! La « Bof génération » de 1978, interrogée par le *Nouvel Observateur*, répond à 50 % : « On ne se mariera pas. » Et c'est effectivement le cas dans les grandes villes, à Paris notamment, où un ménage sur deux ne comprend qu'une seule personne (c'est ce que l'on appelle les « foyers monoparentaux »).

Conjointement à ce phénomène, les mariages sont en chute libre, et les divorces ainsi que la venue d'enfants dits « naturels » sont en constante augmentation : en France, 300 000 mariages en 1982, soit près de 100 000 de moins qu'en 1972 ! Les divorces passent de 45 000 en 1970 à plus de 100 000 en 1982 : c'est « une progression inouïe » nous disent les experts de l'INSEE. Car dans cette secousse formidable par sa soudaineté et son ampleur, tous les chiffres bougent en même temps.

Jusqu'en 1972, la France était un pays à taux de divorces

L'AGE DU DIVORCE

HOMMES		FEMMES	
Moins de 20 ans	4	Moins de 20 ans	212
20-24 ans	3 008	20-24 ans	8 888
25-29 ans	**17 310**	**25-29 ans**	**22 632**
30-34 ans	**25 069**	**30-34 ans**	**24 437**
35-39 ans	**22 831**	**35-39 ans**	**20 182**
40-44 ans	13 370	40-44 ans	10 832
45-49 ans	8 803	45-49 ans	6 794
50-54 ans	5 710	50-54 ans	4 088
55-59 ans	3 036	55-59 ans	2 081
60-64 ans	1 672	60-64 ans	1 076
65-69 ans	540	65-69 ans	356
70 ans et plus	643	70 ans et plus	418
Non déclaré	436	Non déclaré	436

Source : Ministère de la Justice. Division de la statistique.
C'est entre 25 et 40 ans que l'on divorce le plus.

relativement faible : pendant les années 50-70, environ un ménage sur dix aboutissait à un divorce. Aujourd'hui, c'est un ménage sur quatre qui craque, et on approche même de un sur trois. Le gros du contingent semble être fourni par la fragilité des unions à leur début, quoique le nombre de divorces chez les personnes âgées soit lui aussi en constante augmentation depuis le début des années 80 ! A Paris, les ruptures atteignent presque un ménage sur deux. Dans les couches rurales, on se marie davantage et les unions tiennent mieux. Mais ce ne sont pas les plus favorisés qui divorcent le plus, plutôt les « personnels de service » et les employés, nombreux dans les villes.

Beaucoup de ces couples qui choisissent la rupture ont de jeunes enfants généralement confiés à la mère lors du jugement. Voilà qui vient grossir le nombre sans cesse grandissant des foyers monoparentaux car il y a également de plus en plus de mères célibataires.

Cependant, la mère célibataire moderne n'a plus le profil d'autrefois. Il s'agissait alors de filles jeunes, souvent employées de maison, travailleuses agricoles ou apprenties. Elles étaient victimes d'une situation qu'elles subissaient dans l'opprobre, d'autant plus que la plupart du temps le père avait disparu dans la nature et l'enfant n'était pas reconnu. Aujourd'hui, les mères seules se recrutent surtout dans les milieux intellectuels ou artistes où la femme doit son indépendance au fait qu'elle a un salaire. Le changement de catégorie sociale des filles-mères est tel que les chercheurs de l'INSEE n'ont pas hésité à intituler un paragraphe de leur étude consacrée aux foyers monoparentaux : « Les institutrices à la place des bonnes ? »

Et puis aujourd'hui, le père reconnaît souvent l'enfant ; ce qui tendrait à prouver que la naissance a été choisie par un couple de fait. Car il serait erroné de penser que tous ces « nouveaux célibataires », produits le plus souvent par l'éclatement des familles, soient de réels solitaires. A l'heure actuelle, « célibataire » ne veut plus forcément dire « vivant seul », mais plutôt « non marié ». La plupart du temps, il y a union de fait ; la mère célibataire vit avec le père de l'enfant et ils se partagent l'éducation de celui-ci. Les divorcés vivent avec une nouvelle « âme-sœur », mais en grande majorité ils ne se marient plus. Quant aux célibataires sans enfants et qui n'ont jamais été mariés, ils vivent souvent en concubinage, quitte à changer le partenaire du tandem en cours de route.

Ainsi, les données recueillies lors du recensement de 1982 font apparaître que le nombre de concubins a doublé depuis 1975 ! Les statisticiens de l'INSEE montrent qu'il s'agit une fois de plus d'un phénomène urbain (Paris : 30,3 % d'unions libres pour 100 couples contre 7,4 % dans les communes rurales). La cohabitation (terme adopté par les sociologues) trouve ses adeptes essentiellement chez les étudiants et les couches favorisées où la femme, dans la presque totalité des cas, touche un bon salaire — « Touche pas à mon fric ! » — et a un bon niveau d'études. Ce sont les mêmes qui décident d'avoir un enfant hors mariage : les données se recoupent.

Ce qui m'a frappé dans ces études de l'INSEE, c'est que ces couches urbaines et averties jouent le rôle d'une avant-garde, créent des modes et de nouvelles formules de vie qui peu à peu se répandront dans les couches moins favorisées et plus rurales.

LES MARIAGES ET LES DIVORCES DEPUIS 1884

ANNÉES	MARIAGES	DIVORCES
1884	295 000	2 000
1914	180 000	12 000
1918	190 000	9 000
1920	620 000	35 000
1940	180 000	14 000
1945	390 000	37 000
1946	520 000	65 000
1970	400 000	40 000
1975	385 000	61 500
1980	335 000	82 000
1984	285 000	102 000

Source : « L'Express » du 7 au 13 février 1986, page 55.
Depuis 1970, le nombre des mariages en France ne cesse de diminuer, tandis que celui des divorces ne cesse de croître.

Le mariage est battu en brèche, souvent même ridiculisé de sorte que si le mouvement ne s'inverse pas, l'union libre est peut-être en passe de remplacer l'union légale...

Voici à ce sujet l'avis d'E. SULLEROT : « Le stock de mariages non conclus par rapport à ce que l'on pouvait attendre dépasse 900 000 depuis 1972 ! Il faudrait un retournement complet de situation, une fièvre matrimoniale sans précédent, des queues dans les mairies, des états civils pris d'assaut pendant trois ans pour rattraper le retard. Malheureusement, une telle épidémie ne semble pas pour demain... »[1]

4 - *Les nouveaux droits :*

De plus en plus, nos contemporains sont réfractaires à l'effort et allergiques à la responsabilité. Par contre, chacun revendique ses droits.

D'après E. SULLEROT, nous l'avons dit plus haut, la crise du mariage est à mettre en corrélation avec la récente libération de la femme. Tout commence à la fin des années 60, lorsqu'après le vote de la loi NEUWIRTH, le **droit** à la contraception est reconnu. Avec une telle loi, en effet, de façon insidieuse et cachée, on glisse progressivement de la notion de « contraception en tant que possible dans le cadre conjugal » à celle de « droit à la contraception, **que l'on soit marié ou non** ». Ce nouveau droit marque le début de toute une réaction en chaîne ; car dès qu'un droit est reconnu, on en revendique d'autres : droit à l'IVG, droit à l'euthanasie, droit à l'homosexualité, etc. Mais aussi droit au concubinage. En effet, comme le concubinage conquiert peu à peu le haut du pavé, paraissent çà et là de petits guides de l'union libre informant les intéressés de leurs droits. « Droits » ? Le terme peut paraître inadapté puisque ce cas ne figure pas dans le Code civil. « Les concubins se passent de la loi, la loi se passera d'eux » déclarait Bonaparte. Et pourtant le droit social, lui, reconnaît l'union libre. La concubine (ou le concubin) est désormais un ayant droit de l'assuré(e). Il leur suffira de présenter aux Caisses d'Allocations familiales un certificat de concubinage qui n'a, bien sûr, aucune valeur juridique. Dans le domaine fiscal, la législation en est arrivée à de regrettables injustices. Ainsi, l'État, qui prône le mariage, pénalise ceux qui le concluent et donne une prime aux concubins, puisqu'il permet à *chacun* d'eux de déduire franchise et décote. L'union libre est donc la situation qui profite le plus des lois.

Et puis que faire quand survient la rupture ? L'un des concubins s'en va et réclame sa part de l'appartement acheté ensemble, mais qu'on n'a pas fini de payer... L'autre prétend emporter tel ou tel meuble que l'on a acquis sans prendre la précaution de garder la facture, etc.

C'est pourquoi lorsqu'ils décident de cohabiter, ces concubins qui n'ont besoin ni de la société, ni de monsieur le maire, consultent de plus en plus fréquemment un notaire pour établir un « acte de concubinage ». Il s'agit d'un contrat analogue sur bien des points à un contrat de mariage en séparation de biens. Chacun y énumère ce qui lui est propre : la voiture à lui, le canapé à elle, la chaîne Hi-Fi à lui, le réfrigérateur à elle, le tout dûment enregistré et contresigné devant témoins assermentés. On paie l'acte et on est plus tranquille. Il s'agit d'une coutume qui se répand à tel point que le Mouvement des jeunes notaires a récemment consacré ses rencontres avec le public aux droits des couples non mariés. La différence fondamentale avec le mariage est que l'on évite de s'engager envers l'autre tout en prenant le maximum de précautions pour soi.

Vers quel avenir se dirige une société qui, de la sorte, ne repose que sur une juxtaposition d'individus et non plus sur la cellule familiale ? Où nous mène ce « chacun pour soi » ? Voici un extrait d'une interview d'E. SULLEROT par Sylvie BONIN :

— E.S. : Aujourd'hui, tel l'apprenti sorcier, je constate les effets d'une révolution que j'ai en partie initiée, sans savoir qu'elle irait aussi loin. Je ne pouvais alors imaginer que la conquête par la femme DE LA DÉCISION OU NON D'AVOIR UN ENFANT, aurait une telle conséquence sur la société.

— S.B. : Le regrettez-vous aujourd'hui ?

— E.S. : Bien sûr que non. Si ça n'avait pas été moi, quelqu'un d'autre l'aurait fait[1] !

Chapitre 3

LES TECHNIQUES DE PROCRÉATION ARTIFICIELLE

La première partie de ma réponse à Jean-François fut un résumé de ce qui précède. En voici la conclusion :

« J'en viens maintenant à ta deuxième question, à savoir tes interrogations concernant l'insémination avec donneur et la fécondation *in vitro*.

Comme je l'ai longuement montré dans mon précédent ouvrage*, la contraception peut être légitimement envisagée dans le cadre du mariage, car l'homme participe à la fois de la fécondité animale *et* de l'autorité divine. Bibliquement, la sexualité humaine se caractérise essentiellement par le fait qu'elle est responsable. Est-il en effet de responsabilité plus grande et plus lourde de conséquences que celle de la procréation ? Est-il de responsabilité plus noble que d'engendrer un enfant, de l'élever et de l'éduquer pour qu'il trouve sa place dans la société des hommes et qu'il apprenne à connaître Dieu ?

La sexualité est l'expression donnée au corps de l'homme et de la femme pour les aider à bâtir l'histoire commune de leurs vies dont l'enfant — leur enfant — est la perpétuation. C'est ainsi que pendant des siècles, sexualité et procréation se sont suivies comme un promeneur et son ombre. Aujourd'hui, cette ombre prend de la distance, car « on veut faire l'amour sans le risque de faire un enfant ». Dans ce contexte, le droit à une contraception sans faille, dans l'union conjugale comme dans l'union libre, a immédiatement conduit chez beaucoup à la

---

* *N'oublie jamais la vie* — La contraception jusqu'où ?, chez le même éditeur.

revendication du droit à la liberté sexuelle dans l'indépendance de chaque partenaire.

Dès lors que le lien ancien et direct entre la relation sexuelle et la procréation des enfants est brisé, le risque de se lier moins facilement entre homme et femme en vue d'une existence se généralise. Le corps joue sans risquer ses lendemains, car le droit à la contraception devient le moyen de rendre l'amour libre d'entraves et d'attaches. Le cœur se prête sans engager son projet si l'intention originelle de Dieu en matière de sexualité — bâtir une vie commune — n'existe plus. Là où il apparaît prioritaire de se réaliser soi-même, la structure et la signification relationnelles de la sexualité sont dénaturées. Alors, chacun se retrouve seul, puisque même si mariage il y a, ce n'est souvent qu'une alliance de deux libertés que l'on peut rompre à sa convenance.

A long terme, la maîtrise complète de la fécondité sert de prétexte aux manipulations les plus audacieuses. Car, nous disent les chercheurs de la nouvelle vague, puisqu'on peut avoir maintenant des relations sexuelles sans conception, pourquoi ne pas envisager une conception sans relations sexuelles ? Et de fait, l'insémination avec donneur et la fécondation *in vitro* sont les deux nouvelles techniques de procréation « artificielle » — donc sans relations sexuelles normales — qui servent de dénominateur commun à toutes les manipulations, qu'il s'agisse du transfert embryonnaire, des embryons congelés, du problème des mères de substitution et même du clonage. En aucun cas, il ne faudrait que ces deux nouvelles techniques soient banalisées comme on cherche à le faire actuellement, car dissocier ainsi l'acte de procréation de l'acte sexuel serait véritablement une profanation de l'intention divine.

L'insémination avec donneur et la fécondation *in vitro* m'apparaissent donc comme des techniques subversives en puissance pour trois raisons : d'abord dans l'intention divine, la reproduction humaine naturelle est celle qui est ordonnée à la relation sexuelle normale. Ensuite, ces techniques permettent à d'autres personnes — tels un donneur de sperme, une donneuse d'ovule ou une prêteuse d'utérus — de s'immiscer dans l'histoire intime d'un couple. Enfin, elles ouvrent la voie à d'autres expérimentations et manipulations génétiques ayant pour but de sélectionner la vie humaine. J'en veux pour preuve cette histoire de « bébés-Nobel » aux États-Unis dont tu as certainement entendu parler. C'est très grave ! Car ce serait oublier bien vite les enseignements de l'histoire récente avec la monstruosité des expériences nazies il y a moins de 50 ans. Le journal anglais, *Times,* ne s'y est pas trompé qui, au lendemain de la naissance de Louise BROWN, le premier bébé-éprouvette du monde, écrivait :

« C'est une chose d'aider un couple à concevoir, en surmontant un obstacle même majeur à la fécondation ; mais c'en serait une autre de créer de nouvelles interférences avec le processus de vie » (...). »

*
* *

En France, environ 240 000 couples souffrent de stérilité masculine ou féminine. La stérilité représente un manque à naître d'environ 80 000 bébés par an dans notre pays. Et en dix ans, les différentes méthodes de procréation artificielle ont permis la naissance de 10 000 enfants à l'échelon français et 100 000 à l'échelon mondial.

Contrairement à une idée longtemps répandue, il est démontré à l'heure actuelle que la stérilité dans un couple ne vient pas toujours, loin s'en faut, de la femme. On estime à environ 1/3 les cas de stérilité d'origine féminine, 1/3 les cas de stérilité d'origine masculine et 1/3 les cas où deux « hypofécondités » se conjuguent, chacun des deux conjoints étant peut-être en mesure de procréer avec un autre partenaire plus fécond.

La première consultation médicale pour stérilité permet de cerner pour la femme les éventuels troubles de la fonction ovarienne (cycles irréguliers), les antécédents d'infections ou d'interventions gynécologiques. A partir de là, un bilan médical aussi bien pour l'homme que pour la femme s'impose :

— Pour l'homme, l'examen clinique consiste à examiner la verge, les bourses, le volume des testicules et leur consistance. A noter l'importance d'un diagnostic précoce d'ectopie testiculaire chez le jeune garçon, c'est-à-dire de non-descente des testicules dans les bourses. L'intervention chirurgicale est simple, mais pratiquée trop tardivement elle peut ne pas prévenir une éventuelle stérilité masculine. C'est pourquoi certains spécialistes recommandent maintenant l'intervention avant l'âge de deux ans.

Après l'examen clinique, le spermogramme, complété d'un spermocytogramme, est le premier examen de laboratoire prescrit par le médecin. Il donne souvent la clé du diagnostic et évite donc de chercher plus loin. Il s'agit d'une analyse du sperme et des spermatozoïdes qu'il contient, qui fournit des indications précises sur le degré de fertilité de l'homme.

— Le dépistage des problèmes féminins est plus compliqué. Il passe par plusieurs étapes :

• La courbe de température doit être relevée sur trois cycles complets. Il s'agit de prendre la température rectale tous les jours au réveil, avant de mettre le pied par terre, et de la consigner sur des feuilles de température que l'on peut se procurer en pharmacie. Elle a pour but principal d'objectiver un décalage thermique en milieu de cycle dont l'absence signe une anovulation.

• Le test « post-coïtal » est le deuxième examen. Il consiste à prélever, entre 6 heures et 20 heures après un rapport sexuel, et environ 16 jours avant les règles, un peu de glaire cervicale (la glaire étant la substance sécrétée par le col de l'utérus pour favoriser la pénétration des spermatozoïdes au moment de l'ovulation). L'examen au microscope renseigne sur la compatibilité sperme/glaire. C'est un examen totalement indolore, aussi simple qu'un examen gynécologique et qui peut être pratiqué au cabinet du médecin tout comme au laboratoire.

• L'hystérographie, radiographie aux rayons X du système génital, se pratique après injection dans l'utérus d'un liquide opacifiant. Elle donne des indications précieuses sur l'état de l'utérus, des trompes et du péritoine.

• L'exploration de l'endomètre (ou muqueuse utérine) est un simple prélèvement pour analyse d'un fragment de muqueuse au microscope.

• Une prise de sang avec dosage des hormones régulant le cycle ovarien complète systématiquement ce bilan.

• Enfin, la cœlioscopie, quand les examens précédents n'ont pas permis de préciser la cause de la stérilité, se pratique sous anesthésie générale. Un appareil optique est introduit dans l'abdomen par une incision de 1 cm à 1,5 cm sous l'ombilic ; il permet de visualiser l'état des trompes, des ovaires et de l'utérus. Cet examen requiert une courte hospitalisation.

Quand tous les examens sont achevés, au bout de trois à six mois, le médecin juge s'il y a lieu d'engager un traitement médical ou bien s'il faut proposer au couple stérile une insémination artificielle ou une fécondation *in vitro*. Nous consacrerons le restant de ce chapitre à l'étude de ces deux nouvelles techniques.

L'INSÉMINATION ARTIFICIELLE

Les deux grands problèmes qu'elle soulève sont par définition le caractère « artificiel » de la fécondation ainsi réalisée, et surtout *l'origine du sperme*. Car en pratique, se présentent deux situations radicalement différentes puisqu'on distingue :

— L'Insémination Artificielle avec sperme du Conjoint (ou I.A.C.) — également dénommée Insémination Artificielle Homogène (ou I.A.H.) — qui revient à inséminer artificiellement l'épouse avec le sperme de son mari : c'est l'insémination intra-conjugale.

— L'Insémination Artificielle avec sperme de Donneur (ou I.A.D.), c'est-à-dire insémination artificielle d'une femme avec le sperme d'un donneur qui reste anonyme.

Du point de vue technique, l'insémination artificielle consiste soit à déposer le sperme au niveau du col utérin à l'aide d'une cape laissée environ cinq heures contre le col, soit à instiller le sperme à mi-hauteur de la cavité du col de l'utérus, la femme étant laissée pendant vingt minutes étendue sur le dos, la tête légèrement en bas. Examinons successivement les deux types d'insémination artificielle.

1 - *L'I.A.C.* :

Ce type d'insémination se réalise avec du sperme frais de l'époux qui est recueilli par masturbation et qui est inséminé à son épouse. L'I.A.C. est proposée lorsque les conjoints sont séparés pour une longue période (guerre, raisons professionnelles, incarcération prolongée), lorsque le mari est devenu impuissant (à la suite d'un accident), ou bien lorsqu'il va subir une castration (en raison d'un cancer du testicule par exemple) ; dans ce dernier cas, on recueille du sperme avant le début du traitement, et on le conserve au laboratoire spécialisé. Parfois, l'I.A.C. est également conseillée quand la femme présente une malformation de ses organes génitaux externes.

Mais l'indication essentielle de l'I.A.C. est *l'hypofertilité* :

1er cas : le sperme de l'homme a une concentration en spermatozoïdes insuffisante pour assurer une fécondation éventuelle. Sa fertilité n'est donc pas nulle mais s'apparente à une grande hypofertilité. La méthode comporte alors trois temps :

— réaliser un enrichissement du sperme portant sur la concentration et la vitalité des spermatozoïdes. Pour ce faire, on peut prélever plusieurs fois du sperme que l'on insémine en une seule fois, ou bien fractionner l'éjaculation, étant donné que c'est la première fraction qui est la plus riche en spermatozoïdes (75 % environ du total de l'éjaculat). Dans certains cas, on centrifuge et on lave l'éjaculation afin de débarrasser les spermatozoïdes du plasma séminal qui leur est parfois néfaste, pour les replacer ensuite dans un milieu artificiel adéquat ;

— repérer chez la femme l'ovulation le plus précisément

possible. Cela est parfaitement obtenu par le dosage sanguin rapide des hormones féminines qui régulent l'ovulation (LH et estradiol), ainsi que par l'échographie : la première a lieu deux jours avant l'ovulation. Si le diamètre de l'ovule est inférieur ou égal à 16 millimètres, on fait une nouvelle échographie. Si le diamètre est compris entre 17 et 20 mm, on pratique l'I.A.C. le lendemain. S'il est supérieur ou égal à 20 mm, on insémine le jour même ;

— enfin, réaliser l'insémination électivement dans la glaire cervicale. On donne ainsi aux spermatozoïdes une ambiance propice alors que le vagin leur est un milieu hostile.

2e cas : Une hypofertilité chez la femme due à une mauvaise qualité de la glaire. Il s'agit des stérilités dites « par hostilité de la glaire » où il y a incompatibilité entre la glaire de l'épouse et le sperme du mari, et dont le diagnostic est obtenu grâce au test « post-coïtal ». Dans ce cas-là, on insémine au-delà du col, dans la cavité utérine elle-même.

Avant de tenter une I.A.C., la femme doit être « préparée » par un traitement relativement astreignant à base d'inducteurs d'ovulation. Il s'agit de substances qui multiplient la maturation de plusieurs follicules au moment de l'ovulation, ce qui augmente les chances de fécondation. Puis on pratique une I.A.C. sur six cycles après lesquels on fait une pause si aucune grossesse n'est en route. Après certains examens, on recommence une série d'I.A.C. sur six autres cycles, etc.

Les couples traités ont malgré tout moins de chance que les couples féconds d'avoir un enfant : en moyenne une chance sur dix*. Il est du devoir du médecin de les avertir que le résultat est faible. En effet, cette chance sur dix peut intervenir dès la première I.A.C. tout comme seulement après la dixième ou la quinzième, d'où un problème de temps important dans le traitement de la stérilité. Le généraliste précisera donc au couple concerné qu'il faut être patient car le résultat, bien que

---

* Note de l'auteur : D'après le biologiste Jacques TESTART, la fertilité naturelle d'un couple normal est de l'ordre de 25 à 30 % par cycle ovulatoire.

possible, n'apparaîtra qu'à plus ou moins long terme. Il l'informera enfin que cette technique n'est pas rapide, le couple devant être disponible plusieurs journées.

2 - *L'I.A.D. :*

Dans 95 % des cas, l'insémination artificielle de la femme avec du sperme de donneur se pratique à cause d'une stérilité masculine, quand l'homme présente une azoospermie totale (c'est-à-dire du sperme ne contenant aucun spermatozoïde) ou une hypofertilité traitée sans résultat. Dans ce dernier cas, les spécialistes recommandent une I.A.D. après échec d'un certain nombre de séances d'I.A.C., un bilan complet étant réalisé au préalable chez la femme pour s'assurer de sa fertilité.

3 % des I.A.D. sont pratiquées en raison d'une tare masculine, auquel cas on réalise au préalable une vasectomie du mari (c'est-à-dire sa stérilisation définitive par ligature de ses canaux déférents). Quant aux 2 % restants, ils sont effectués pour des incompatibilités Rhésus graves, lorsque par exemple une femme ne fait que des fausses-couches après rapports fécondants avec son mari Rhésus positif*.

L'I.A.D. se réalise avec du sperme congelé ; recueilli par masturbation dans un flacon stérile, il est additionné de glycérol après vérification de ses qualités. Puis il est conservé dans de petits tubes ou « pailles » au sein de containers remplis

* Note de l'auteur : Il faut savoir que dans les mois qui viennent, un nouveau test dit « de la fécondation croisée » sera de plus en plus systématiquement préconisé aux couples stériles par hypofertilité masculine : après échecs répétés d'I.A.D. et de fécondation *in vitro* avec le sperme du mari, la moitié des ovules de la femme est fécondée avec le sperme d'un donneur anonyme, l'autre moitié avec celui du mari. En matérialisant l'hypofécondité du mari, ce test permettra dans un premier temps de mieux poser l'indication d'une I.A.D. Mais à plus long terme, il permettra aussi la fabrication d'embryons-cobayes en grande quantité que l'on envisage d'utiliser pour la recherche fondamentale... Il est manifeste qu'en permettant la « production » artificielle d'embryons pour la recherche, un tel test soulève des problèmes éthiques encore plus graves que ceux posés par l'I.A.D. *stricto sensu*...

d'azote liquide. On obtient alors des « paillettes » de sperme prêtes pour l'insémination. Le sperme frais a une capacité fécondante meilleure que congelé, mais le sperme congelé a d'autres « avantages », notamment celui du choix des « paillettes » en fonction des caractéristiques physiques du père : la race (noir ou blanc), le groupe sanguin (celui du mari, sauf en cas d'incompatibilité Rhésus), le poids, la taille, la couleur des yeux et des cheveux, etc.

L'I.A.D., proposée par le Professeur Georges DAVID de l'hôpital du Kremlin-Bicêtre, il y a une vingtaine d'années, a entraîné en 1973 la constitution dans cet hôpital du premier Centre d'Étude et de Conservation du Sperme humain ou CECOS. Les CECOS couvrent actuellement toute la France avec approximativement une région sanitaire pour chacun. Leurs normes vont être prochainement réglementées par voie législative.

Les CECOS sont à une ou deux exceptions près, des centres à but non lucratif relevant de la loi de 1901 qui régit les associations. Ils veulent être non une institution de soins mais de secours, au service des couples stériles dont la responsabilité incombe essentiellement au partenaire masculin, et qui cherchent à avoir un enfant.

La fonction d'un CECOS est double : d'abord il favorise l'étude du sperme normal ou pathologique, très peu étudié jusqu'alors, ce qui permet de poser le diagnostic de stérilité ou d'hypofertilité de l'homme. Ensuite, il conserve le sperme congelé fécondant en vue de le fournir directement à certains couples stériles pour une I.A.D., d'où l'appellation de « banque de sperme ». Et c'est là que se situe l'origine des problèmes éthiques concernant l'I.A.D. En effet, l'opinion publique a été placée devant *le fait accompli* des CECOS sans que soit d'abord posée la question fondamentale de savoir s'il est moralement acceptable d'effectuer un don de sperme. Et sans que soit débattue sur le fond la différence essentielle existant entre un don de sperme, de sang ou d'organe.

Ce n'est pas un hasard si le premier CECOS voit le jour en 1973, au début de l'explosion de la cohabitation non maritale et des foyers monoparentaux. Dans ce contexte de libéralisation des mœurs, l'I.A.D. devient à la fois techniquement possible *et* moralement acceptable. En effet, présentée comme un acte scientifique permettant de faire reculer la stérilité, elle a tôt fait d'être considérée comme étant souhaitable et juste par une opinion publique encline à la tolérance et à l'indulgence pour tout ce qui a trait à l'éthique sexuelle. D'autant plus que le CECOS offre des garanties tout à fait sécurisantes : l'idéologie qui préside à sa mission est que l'enfant représente une valeur sûre ; il ne peut naître que dans un couple. Et puis son fonctionnement repose sur trois règles :

— Sélection rigoureuse des couples donneurs et receveurs. Voici à titre d'exemple les critères de recrutement des donneurs :

• le donneur est un homme marié qui doit avoir fait la preuve de sa fertilité ; un enfant est la garantie de la fécondité de son sperme ;

• accord complet et éclairé des époux, notamment de la femme du donneur ;

• c'est un don gratuit, bénévole, d'un couple qui a déjà des enfants à un autre couple qui ne peut pas en avoir ;

• il faut trois générations sans anomalie : le couple donneur, ses enfants, ses parents ;

• l'âge du donneur doit être compris entre 20 et 45 ans ;

• le nombre de grossesses par donneur est limité à cinq pour éviter les possibilités ultérieures de rencontre entre ses enfants et les enfants nés par I.A.D. après don de son sperme.

— Anonymat absolu et grande étendue géographique de chaque centre afin d'éviter des risques génétiques.

— Qualité des soins garantie par des équipes médicales pluridisciplinaires (biologistes, gynécologues, psychologues, psychiatres, etc.) dans chaque centre de haut niveau.

Mais le bénévolat n'attire pas les foules, et les couples demandeurs doivent souvent attendre un an avant d'obtenir satisfaction. Un certain nombre d'entre eux s'adressent alors à des associations qui rémunèrent les donneurs et qui sont moins regardantes sur les critères moraux de sélection. C'est le cas de la FRH (Fondation de Recherche en Hormonologie) dont la banque de sperme se distingue des autres par sa nature juridique (elle possède un statut particulier qui la rattache au service public), par son mode de sélection des donneurs (elle fait appel à tous les donneurs, célibataires ou mariés, de toutes origines ethniques, et rétribue l'éjaculat) ainsi que par ses méthodes modernes de prévision de l'ovulation (qui lui permettent d'économiser du sperme et de supprimer les listes d'attente). Enfin, l'une des plus grandes banques françaises de sperme est le CEFER (Centre d'Exploration Fonctionnelle et d'Étude de la Reproduction) créé par les docteurs Sacha GELLER et Roland DAJOUX à Marseille : « Ce qui compte, ce n'est pas la moralité du donneur, mais la qualité de son sperme », estime le docteur GELLER qui avait également créé une association de « mères d'accueil » dont les médias ont beaucoup parlé et qui est aujourd'hui dissoute (voir chapitre 6). Les donneurs sont mariés ou célibataires, sont rétribués pour chaque don de sperme et peuvent se présenter au CEFER cinq fois au maximum.

Une dose de sperme (un éjaculat permet de fabriquer une dizaine de doses) coûte 280 FF et l'insémination 150 FF. La consultation médicale et l'insémination à proprement parler (qui est une intervention indolore ne durant pas même cinq minutes) sont remboursées par la Sécurité sociale. Les résultats sont du même ordre que pour les I.A.C. : une femme traitée a une chance sur dix par cycle ovulatoire d'être enceinte.

Dans les CECOS, toutes les demandes d'I.A.D. sont accompagnées d'un entretien préliminaire entre le couple-receveur et un psychologue du centre. Le but de cet entretien est double : il permet d'abord au couple d'exprimer verbalement son désir d'enfant ainsi que ses désirs inconscients ; ainsi, quand l'homme est hypofertile, le couple qui demande une I.A.D. sans reconnaître la stérilité déclare souvent envisager des relations sexuelles après les séances d'I.A.D. pour laisser planer le doute sur une possibilité de grossesse normale sans l'I.A.D...

Et puis l'entretien permet aussi d'apprécier la cohérence du couple receveur dans sa démarche et dans son désir d'enfant ; dans certains cas, il permet de temporiser. Lors de cet entretien, tous les couples candidats à l'I.A.D. posent la question du secret, 70 % d'entre eux en moyenne étant pour le secret total vis-à-vis du futur enfant.

Pour être complet, il convient encore de signaler que le sperme est le principal vecteur du SIDA. Les médias ont en effet rapporté que quatre femmes australiennes, inséminées par le même donneur en 1982 dans un hôpital de Sydney, ont développé des anticorps prouvant qu'elles avaient été contaminées. Une seule d'entre elles a présenté les signes cliniques de la maladie, et si aucun renseignement n'est parvenu quant à l'état de santé des enfants issus de ces grossesses, l'alarme a retenti. Le Professeur G. DAVID a décidé lors de la réunion annuelle des responsables des CECOS, en avril 1985, la mise en place d'un système de dépistage obligatoire dans le sang des donneurs de sperme. Chaque CECOS, en liaison avec un centre de transfusion sanguine, établit ainsi depuis le 1er août 1985 l'inocuité du sperme destiné à l'insémination artificielle.

Interviewé dans *France-Soir* le 15 septembre 1985, le Professeur DAVID a souligné que le mode de fonctionnement des CECOS — qui fait appel à des donneurs bénévoles, mariés et pères de famille — exclut en partie les groupes à risques, ce qui constitue un filtre supplémentaire.

Mais qu'en est-il des stocks de sperme congelés avant les mesures de détection ? « Nous avons toujours joué la précaution, estime le Professeur DAVID, et tant que les stocks ne seront pas contrôlés, nous ne les utiliserons pas. En attendant la découverte d'un test sur le sperme, nous procédons par recoupement en effectuant des examens sur les femmes déjà inséminées. En général, cinq femmes bénéficient des paillettes d'un seul donneur. Si la première receveuse ne présente pas d'anticorps, nous considérons alors le donneur comme sain. Les autre paillettes stockées et non vérifiées ne sont plus proposées aux femmes. »

Si la sécurité est assurée du côté des CECOS, il ne faut pas oublier que de nombreuses institutions privées pratiquent l'insémination de sperme frais. « Les femmes qui acceptent des inséminations sauvages, donc sans garanties, doivent savoir qu'elles prennent inévitablement des risques », conclut M. WEISSELBERG, alors conseiller technique auprès du Secrétaire d'État à la Santé, et chargé du dossier du SIDA.

LA FÉCONDATION IN VITRO

Ce que l'on appelle couramment la technique des « bébés-éprouvettes » consiste en une fécondation *in vitro*, c'est-à-dire en la fusion du spermatozoïde et de l'ovule dans un récipient en verre (ou éprouvette), alors que la fécondation naturelle s'opère *in vivo* chez la femme, dans l'une de ses trompes. Cette fécondation artificielle est suivie de l'implantation de l'embryon ainsi obtenu dans l'utérus de la mère, d'où l'appellation de FIVETE pour « Fécondation *in vitro* et transplantation embryonnaire »[5].

1 - *FIVETE chez les animaux :*

Avant d'obtenir de tels résultats dans l'espèce humaine, il va de soi que de nombreux essais ont été réalisés chez les animaux.

Ce fut d'abord HAEPE, en Angleterre, qui dès 1890 réussissait une implantation d'embryon chez une lapine. Puis, quelques décennies plus tard, l'Américain CHANG et l'Australien AUSTIN firent une observation qui devint le point de départ des recherches sur la fécondation *in vitro* (ou F.I.V.). Ils montrèrent que si l'on inséminait une lapine à des moments de plus en plus proches de l'ovulation, on n'obtenait pas de fécondation. D'où l'idée que les spermatozoïdes devaient acquérir leur pouvoir fécondant seulement après avoir séjourné un certain temps dans les voies génitales femelles. Ce phénomène, découvert en 1951, fut appelé « la capacitation » ; les biologistes essayèrent alors de le reproduire *in vitro*, donc en laboratoire.

Au bout de sept années de recherches et d'efforts infructueux, on s'avisa de regarder de plus près ce qui se passe *in vivo* chez la lapine. On remarqua que les spermatozoïdes capacités recueillis dans l'oviducte viennent au voisinage des œufs mais demeurent à une certaine distance. Tout se passe comme s'ils ne reconnaissaient plus la membrane de l'œuf. On eut alors l'idée d'essayer de mimer les conditions naturelles. Car les ovocytes qui viennent d'être ovulés ne sont jamais immobiles : pulsés et repulsés par les contractions, ils sont à peu près comme une balle de ping-pong sur un jet d'eau...

C'est ainsi que le Professeur Charles THIBAULT imagina un système de lavage rotatif, soumettant les ovocytes à un mouvement continuel dans une solution saline contenant du sérum albumine. Introduits dans ces conditions, les spermatozoïdes capacités permettaient d'obtenir 65 % de fécondations !

Dans le même temps, d'autres chercheurs mirent au point des milieux de culture permettant le développement d'embryons de souris du stade d'ovule fécondé à un stade plus avancé. Ces embryons obtenus *in vitro* furent ensuite transplantés dans la matrice d'une mère-souris et donnèrent naissance aux premiers « souriceaux-éprouvette » tout à fait viables.

Le premier « lapin-éprouvette » naquit en 1963 aux États-Unis. Le Français Charles THIBAULT, à qui revient une grande part des découvertes en ce domaine, vit ses propres efforts couronnés de succès très peu de temps après. Des recherches furent également conduites chez les bovins, dans le but éventuel de remplacer l'insémination artificielle ; le biologiste Jacques TESTART obtint ainsi en 1972 les premiers veaux nés en France après transplantation d'embryons d'une vache à une autre[6].

2 - *De l'animal à l'homme :*

Les recherches médicales bénéficièrent ainsi de l'expérience acquise par les équipes vétérinaires. En 1966, Robert EDWARDS, un biologiste de l'Université de Cambridge, en Angleterre, se fixe pour objectif d'appliquer cette méthode aux êtres humains. Il démontre que des ovules extraits d'ovaires humains peuvent être mis en culture *in vitro*, et se développer jusqu'à leur maturité. La deuxième étape fut franchie en 1969 :

avec l'aide du gynécologue Patrick STEPTOE, il parvint à féconder de tels ovules matures avec du sperme humain ; c'était la première fécondation *in vitro* d'un œuf humain.

EDWARDS déclara qu'apparemment ces œufs fécondés s'étaient développés normalement dans leur milieu de culture jusqu'au stade 60-100 cellules. D'où l'idée d'en tenter l'implantation dans l'utérus féminin. C'est ainsi qu'en 1976, la troisième étape consista à réaliser une fécondation *in vitro* humaine suivie de la transplantation de l'embryon ainsi obtenu dans l'utérus de la mère. Cette première FIVETE se développa pendant treize semaines et se solda par un avortement spontané.

Enfin, au soir du 25 juillet 1978, à l'hôpital d'Oldham, près de Manchester, naît Louise BROWN, 2,688 kg, le premier bébé-éprouvette du monde. Sa mère, Lesley, avait 30 ans ; elle était la deuxième épouse de John BROWN, un cheminot de 37 ans déjà père de deux enfants. Lesley souffrait de stérilité tubaire, elle qui rêvait d'être mère : « J'irai à pied jusqu'au bout du monde s'il le faut pour avoir un enfant. », disait-elle. La naissance de Louise BROWN a constitué un événement universel et a été accueillie avec surprise et joie par un public attendri. Partout dans le monde, des femmes stériles se sont mises à rêver : grâce à la FIVETE, il y avait un espoir pour elles d'avoir un jour un enfant. La « série heureuse » s'ouvrait. Après Louise, ce fut en octobre 1978 une petite Indienne née à Calcutta. Puis un nourrisson écossais, Alaistair MONTGOMERY, né en janvier 79, suivi en juin de la même année par Candice REED, une Australienne née à Melbourne. Le 27 décembre 1981 naît aux États-Unis Elizabeth CARR, que la presse américaine surnomma le « bébé de Noël ».

Et puis c'est la naissance d'Amandine, le premier bébé-éprouvette français, le 24 février 1982 à 1 heure 20, à l'hôpital Antoine-Béclère de Clamart. Elle mesure 51 cm, pèse 3,420 kg et sa photographie figure « à la une » de toute la presse française du lendemain. Une fois de plus, la profession médicale s'était montrée capable de faire du presque miraculeux, puisque la maman d'Amandine, 37 ans, était atteinte d'une stérilité définitive.

Ces premiers « enfants FIVETE » sont tous de parfaits petits bébés, et non des monstres difformes. Leur naissance semble contredire toutes les prédictions pessimistes des moralistes. Les équipes médicales ne cachent pas leur satisfaction, et les parents nagent dans le bonheur. « Il n'y a rien à craindre dans ces cas précis », nous dit-on ; la technologie médicale a vaincu triomphalement.

A l'automne 1984, on comptait une centaine de grossesses obtenues grâce à la FIVETE sur l'ensemble du territoire français. Fin 1985, plus de mille enfants-éprouvettes étaient déjà nés en Europe et trois mille dans le monde, ce qui représente trois « naissances-FIVETE » par jour. Les premiers chiffres publiés prouvent que la fécondation artificielle est comparable à la fécondation naturelle en ce qui concerne le taux d'avortement spontané, la proportion de garçons et de filles, et le taux de malformations congénitales. Par contre, environ 10 % des grossesses obtenues par FIVETE se terminent par une grossesse extra-utérine ; sans que l'on sache pourquoi, les embryons transférés ont tendance à migrer vers la trompe utérine. Les patientes doivent donc être averties de cette fâcheuse éventualité.

3 - *Principes de la fécondation :*

a) *La fécondation normale « in utéro » :*

Vers le milieu de chaque cycle féminin, les trompes captent un ovule, expulsé lors de l'ovulation, sous l'action d'une décharge de l'hormone LH ; cet ovule progresse dans la trompe et va rencontrer les éventuels spermatozoïdes qui remontent par l'utérus et les trompes.

Pour que la fécondation se produise, il faut que ces deux cellules soient mûres : la maturation de l'ovule se produit 37 heures avant l'ovulation, grâce à la décharge de LH qui, lorsqu'on la dose dans le sang, donne un « pic » tout à fait caractéristique. Quand l'ovule est expulsé, il est mûr. Quant au spermatozoïde, il ne devient fécondant que dans les voies génitales femelles : c'est le phénomène de capacitation.

La fécondation, ou fusion entre le spermatozoïde et l'ovule, se déroule dans la partie supérieure de la trompe. Il en résulte un œuf fécondé qui est d'abord une seule cellule ; celle-ci se divise en deux cellules identiques, puis quatre, puis huit, et ainsi de suite.

Ce jeune embryon reste quelques jours dans la trompe où il se segmente, puis descend se nider dans la muqueuse utérine qui sera prête à le recevoir grâce à la sécrétion de l'hormone progestérone par le corps jaune.

b) *Principes de la FIVETE :*

La F.I.V. consiste à obtenir au laboratoire la fécondation proprement dite ainsi que les trois premiers jours de la vie. Pour en arriver à la FIVETE, il a fallu franchir successivement cinq étapes :

1. Déterminer le moment précis de l'ovulation :

Il est indispensable de recueillir un ovocyte mûr, ce qui est possible dans les 37 heures qui précèdent l'ovulation. On repère l'apparition du pic de l'hormone LH grâce à des techniques de dosage sanguin donnant les résultats très rapidement. Aujourd'hui, la plupart des équipes mondiales peuvent prévoir avec plus de 95 % de succès le moment propice à l'intervention, alors que le pourcentage de réussite n'était que de 50 % au début des recherches.

Complémentairement, les Australiens ont imaginé un processus de stimulation hormonale des ovaires destiné à provoquer une ovulation artificielle à heure fixe. En effet, travaillant avec une seule équipe et sans bloc opératoire permanent, ils ne pouvaient être disponibles jour et nuit ! Outre le fait qu'elle autorise à programmer l'heure de l'ovulation, cette stimulation hormonale permet de recueillir plusieurs ovocytes — généralement pas plus de quatre — à chaque prélèvement dans le but d'augmenter le nombre de tentatives de réimplantation sans être obligé de recueillir de nouveaux ovocytes à chaque fois.

2. Recueillir les ovocytes mûrs :

Ce prélèvement s'effectue 34 heures après le pic sanguin de l'hormone LH sous contrôle échographique et par différentes voies. Avec la méthode traditionnelle, les ovocytes sont recueillis sous anesthésie générale au cours d'une cœlioscopie. Une méthode plus récente permet de recueillir ces ovules sans anesthésie générale, à l'aide d'une aiguille dirigée par échographie à travers la vessie. L'équipe du Professeur Pierre DELLENBACH, à Strasbourg, a mis au point une nouvelle technique de prélèvement des ovules par voie transvaginale : les ovaires se trouvant à quelques millimètres seulement du cul-de-sac vaginal, l'aiguille à ponction est guidée à travers la paroi vaginale par l'échographie des ovaires. Cette méthode est simple, rapide (la patiente n'a pas besoin d'être hospitalisée et peut quitter l'hôpital au bout de trois heures), peu onéreuse et indolore.

Le liquide folliculaire contenant le ou les ovules est alors aspiré par une aiguille à ponction d'environ 1,5 mm de diamètre. Les 2 à 8 millilitres de liquide folliculaire sont recueillis dans une éprouvette qui est placée dans un thermos à 37°. En veillant à ce que la chaîne thermique ne soit interrompue à aucun moment, ce thermos est acheminé au laboratoire où intervient le biologiste. Là, dans une atmosphère parfaitement stérile, il procède à la recherche des ovocytes sous loupe binoculaire et apprécie leur degré de maturité. Puis il les met en incubation pendant trois ou quatre heures dans un milieu de culture approprié, à 37°, dans l'obscurité et dans des conditions précises d'atmosphère gazeuse, comme dans le ventre maternel. La technique est bien maîtrisée partout dans le monde, et là encore, les taux d'efficacité dépassent 95 %.

3. Rendre les spermatozoïdes fécondants :

Puis on recueille le sperme du mari (par masturbation comme dans l'insémination artificielle). Celui-ci n'étant pas fécondant à la sortie des voies génitales mâles, il faut le traiter. Plusieurs opérations de centrifugation-dilution sont nécessaires pour obtenir la séparation entre le plasma séminal et les spermatozoïdes. Dans le dernier culot de centrifugation, on recueille les spermatozoïdes les plus actifs : ils sont dénombrés au microscope. Il faut 100 à 200 millions des spermatozoïdes par millilitre de sperme dont plus de 60 % doivent être très mobiles pour assurer le succès d'une fécondation naturelle. Dans la F.I.V., la méthode de sélection des spermatozoïdes permet de descendre ce seuil à 50 millions par ml avec une mobilité de 40 %.

4. Réaliser la fécondation proprement dite :

Les spermatozoïdes sélectionnés sont mis en contact des ovules prélevés dans un nouveau milieu de culture appelé « milieu de fécondation », et leur capacitation semble rapide. La fusion ovule-spermatozoïde, dont on surveille le déroulement à la loupe binoculaire, se réalise alors. L'œuf obtenu est cultivé quelques jours dans la couveuse : la première division cellulaire a lieu entre 25 et 35 heures après la réussite de la fécondation. En deux jours, l'œuf atteint le stade de 4 cellules, et 8 en trois jours.

Cette étape n'est pas encore complètement maîtrisée actuellement ; selon les équipes, le pourcentage de réussite varie entre 60 et 80 %.

5. Réimplanter l'œuf dans l'utérus maternel :

C'est le stade ultime, dit de « transfert embryonnaire » ; il est le plus délicat. Au cours du cycle féminin, un corps jaune se développe dans l'ovaire, sécrétant l'hormone progestérone. Cette hormone contribue à la transformation de la muqueuse utérine pour la nidation. S'il n'y a pas fécondation, le corps jaune régresse et les règles surviennent.

Dans le cas d'une F.I.V., il est indispensable de prolonger artificiellement la phase de sécrétion de progestérone. Les embryons (1 à 3 dans une micro-goutte de liquide) sont introduits dans l'utérus en passant par le col, grâce à un fin cathéter non traumatique, puis déposés sur la muqueuse à un cm du fond utérin. Cela se fait parfois dans une ambiance musicale, afin de favoriser la relaxation de la mère et ainsi éviter le reflux de l'œuf vers le vagin. Il ne reste plus qu'à soumettre la patiente à une surveillance attentive et à guetter l'apparition dans le sang de l'hormone de grossesse entre le neuvième et le douzième jour après la fécondation. Mais elle se fait souvent attendre... Car c'est à ce stade-là que le taux d'efficacité de la technique baisse considérablement : les différentes équipes mondiales obtiennent 15 à 20 % de réussite par FIVETE.

D'après certaines hypothèses, ce taux d'échec s'expliquerait en grande partie par une sorte d'incompatibilité entre l'œuf et l'utérus, tout décalage de conditions pouvant être néfaste à l'embryon. En effet, au point où en est actuellement la technique, c'est dès le troisième jour de culture, lorsque l'œuf n'a que 8 cellules, que s'effectue le transfert embryonnaire. Le moment de cette implantation n'est donc pas le même que dans la fécondation naturelle puisque la nidation de l'œuf dans l'utérus ne se ferait qu'au septième jour de la vie.

4 - *Les indications de la FIVETE :*

L'indication majeure de la FIVETE est la stérilité féminine par atteinte des trompes — avec soit leur absence totale, soit leur obturation totale ou partielle — rendant impossible la fusion *in vivo* d'un ovule mature avec un spermatozoïde. Il faut savoir que ce type de stérilité est le lot d'environ 3 % des femmes en âge de procréer, et que l'oblitération des trompes est actuellement de plus en plus fréquente à la suite d'infections gynécologiques. En effet, le nombre croissant des maladies sexuellement transmissibles favorise l'atteinte tubaire, notamment par le gonocoque. Les infections latentes sont également fréquentes, entraînant un traitement souvent trop tardif ; enfin le nombre important de grossesses extra-utérines dans les pays développés (favorisées par les I.V.G. à répétition et par le port du stérilet), dont le traitement chirurgical en urgence comporte souvent l'ablation de la trompe où s'est développée cette grossesse ectopique, est aussi de mauvais augure.

SCHÉMA RÉCAPITULATIF

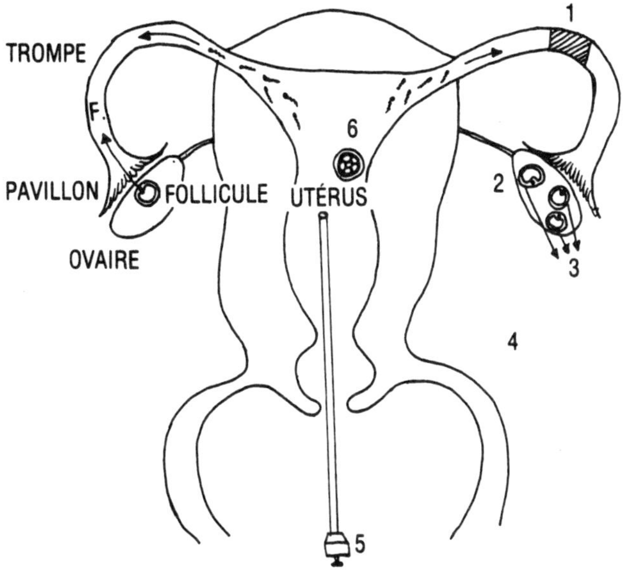

La moitié gauche correspond à une fécondation « normale » :
Un seul ovule est expulsé lors de l'ovulation et va à la rencontre des spermatozoïdes. La fécondation (F) aura lieu dans la partie supérieure de la trompe. L'embryon va rester environ trois jours dans la trompe puis gagne la muqueuse utérine pour s'y nider.

La moitié droite correspond à une fécondation « in vitro » :
1) Obstacle au niveau des trompes. Donc les spermatozoïdes ne pourront pas rencontrer l'ovule mûr. 2) Stimulation hormonale (HCG) pour obtenir l'expulsion simultanée de plusieurs follicules. 3) Aspiration des follicules (contenant les ovocytes) par cœlioscopie. 4) Transport au laboratoire, pour le passage en éprouvette : rencontre entre ovules et spermatozoïdes et fécondation. Puis développement du (ou des) embryon(s) jusqu'au stade blastocyste. 5) Réimplantation, grâce à un fin cathéter non traumatique, du blastocyste dans la muqueuse utérine préparée à le recevoir. 6) Déroulement normal de la grossesse si l'implantation a réussi.

Dans un premier temps, on essaie de vaincre cette obstruction tubaire par la chirurgie réparatrice. A l'heure actuelle, les interventions chirurgicales dites de « plastie tubaire », en particulier sous grossissement, parviennent à restaurer la fertilité dans environ 30 % des cas. Ainsi la F.I.V. ne s'adresse qu'aux échecs de la chirurgie réparatrice ou aux trompes manifestement non opérables. Mais d'après le docteur Jean COHEN, si la F.I.V. devait continuer à améliorer ses résultats, elle en arriverait à supplanter la chirurgie, en rendant caduques les interventions longues et les hospitalisations de plusieurs jours.

Une deuxième indication de la F.I.V. concerne les stérilités dites « idiopathiques ». Chez un certain nombre de femmes, en effet, l'absence de grossesse demeure incompréhensible et rebelle à tous les traitements. A l'occasion de la cœlioscopie destinée à éclairer le mystère, il est possible de prélever un ovocyte à des fins de fécondation. Naturellement, si la grossesse survient, le résultat de la F.I.V. ne sera qu'à moitié probant : on pourra toujours évoquer la possibilité d'un débloquage de la situation dû à un rapport sexuel normal...

Enfin, une dernière indication est représentée par les hypofertilités masculines caractérisées soit par un nombre insuffisant de spermatozoïdes (ou oligospermie), soit par leur trop faible pouvoir fécondant. Les multiples obstacles qu'ils doivent franchir avant de parvenir jusqu'à l'ovocyte se trouvent supprimés par la F.I.V. Et, comme indiqué plus haut, leur présence en grand nombre n'est plus indispensable. Les Anglais et les Australiens ont pu ainsi obtenir des résultats favorables dans plusieurs cas d'oligospermie, notamment après échec de plusieurs tentatives d'insémination artificielle.

5 - *Aspects financiers :*

On estime que 12 000 nouveaux couples pourraient chaque année bénéficier en France de la technique de la FIVETE. Cependant, il existe de nombreux risques d'échec, comme l'impossibilité de prévoir précisément l'ovulation chez certaines femmes stériles aux cycles très irréguliers, l'infécondabilité des ovocytes même placés dans les meilleures conditions, le non-développement des embryons implantés, ainsi que l'âge de la femme : à partir de 40 ans, le taux de succès chute d'une façon très conséquente. Tous ces risques induisent un problème économique difficilement surmontable en l'état actuel des choses.

Le coût d'une FIVETE est actuellement de l'ordre de 15 000 F, pris en charge par la Sécurité sociale, mais comme cette somme doit être multipliée par le nombre de tentatives, on arrive souvent à des totaux élevés. Avant de pouvoir la répandre davantage, les équipes qui la pratiquent cherchent donc à optimiser la technique, sous peine de confronter la collectivité à un choix d'ordre financier.

6 - *Les détournements biologiques de la technique :*

La maîtrise de la fécondation artificielle ouvre la voie à des extensions possibles de la technique de la F.I.V. qui ne peuvent manquer d'inquiéter :

a) *Les dons d'ovules :*

Les ovules collectés lors de l'ovulation par stimulation hormonale ne sont pas tous utilisés. La mère biologique peut donc faire un don d'un ovocyte surnuméraire à un couple dont la femme présente une stérilité soit par absence congénitale d'ovaires, soit par troubles ovariens primaires, soit par ovaires dits « inaccessibles ». Ce don peut également être fait à un couple non stérile dont la femme, atteinte d'une maladie héréditaire grave, ne devrait pas procréer. Dans son principe, le don d'ovule est analogue au don de sperme. De tels dons se sont déjà faits à l'étranger, mais n'ont pas encore été acceptés en France.

b) *Les manipulations d'embryons :*

Quand les ovules collectés sont tous fécondés, la question de leur devenir se pose. Dans la FIVETE et comme signalé plus haut, ce n'est pas *un* embryon qui est replacé dans l'utérus, mais *plusieurs* : on constate en effet que le taux de succès de la FIVETE est amélioré dès lors que l'on replace trois ou quatre embryons. Bien sûr, au-delà de trois embryons replacés, le risque de grossesse multiple augmente aussi, comme si un embryon qui s'implante aidait peut-être les autres à s'implanter !

Mais que faire des embryons non réimplantés ? Ainsi que nous le verrons plus en détails au chapitre 6, on peut soit les détruire, soit proposer des solutions techniques qui sont autant de manipulations de la vie humaine :

1. Les embryons congelés :

La congélation d'embryons d'animaux est déjà en pratique depuis 1933 (Docteur Audrey SMITH sur des lapins). Cette pratique s'étend actuellement aux embryons humains : on congèle ceux qui ne sont pas réimplantés, ce qui offre des chances supplémentaires en cas d'échec de la première tentative ou si la mère désire d'autres grossesses. Ce sont à nouveau les Australiens qui, comme pour l'ovulation induite, ont ouvert la voie : ils ont obtenu la naissance du premier bébé-éprouvette « décongelé », après s'être assuré que l'embryon qui survit à la congélation n'est pas modifié génétiquement...

Cette technique permet d'effectuer les deux détournements suivants :

— D'une part, la création de banques d'embryons. En France, quatre embryons humains fécondés à l'hôpital Antoine-Béclère ont été conservés dans un laboratoire de l'Institut National de la Recherche Agronomique dès 1982. La congélation permet une conservation de très longue durée ; on peut donc imaginer la réimplantation de ces embryons plusieurs générations plus tard, quoique la limite de conservation ait été fixée à dix ans pour certains pays. Toujours est-il que les générations pourraient se télescoper, et qu'on peut imaginer une fille portant l'embryon de sa mère ou de sa grand-mère...

— D'autre part, les dons d'embryons. Au lieu de faire un don d'ovule à une femme sans ovaires, une équipe médicale israélienne a réussi en 1985 l'implantation de l'œuf d'une donneuse préalablement fécondé *in vitro* à une patiente de 36 ans, puis le maintien de la grossesse ainsi obtenue. D'un point de vue technique, il faut préparer de façon entièrement artificielle le climat hormonal de l'organisme féminin, et poursuivre le traitement quelque temps après le début de la grossesse jusqu'à ce que les hormones placentaires prennent le relais.

Cette technique permet d'imaginer que l'adoption prénatale (ou adoption de l'œuf fécondé) puisse être envisagée dans une indication très précise que nous analyserons au chapitre 8. Elle comporte l'avantage des joies de la grossesse, de la tétée et du rapport mère-enfant pour la maman adoptive...

2. Expérimentations et micromanipulations sur les embryons :

D'abord il faut savoir que la mise au point de la technique de la FIVETE a exigé et exige encore d'innombrables expériences et micromanipulations au cours desquelles des milliers d'embryons humains sont délibérément sacrifiés. En outre, dans le domaine de la recherche, l'étude microscopique des embryons implique la section des différentes cellules qui les composent, et donc leur mise à mort volontaire...

Enfin, à plus long terme, parmi les expérimentations théoriquement réalisables sur les embryons, c'est celle de la duplication embryonnaire qui paraît être l'une des plus inquiétantes : après des expériences sur l'animal, certains chercheurs ont en effet suggéré la création artificielle de vrais jumeaux humains par division d'un œuf fécondé *in vitro* en deux parties égales. Ainsi, aux femmes présentant une tare héréditaire, on préconiserait d'abord une F.I.V. avec l'un de ses ovules. La grossesse mise en route au laboratoire, on diviserait ensuite l'œuf fécondé artificiellement en deux, de manière à étudier ultérieurement la biochimie et l'anatomie de l'un des deux jumeaux que l'on sacrifierait. Si les résultats permettent d'éliminer une tare, on autoriserait le deuxième jumeau à voir le jour ; dans le cas contraire, on l'avorterait... !

c) *Les prêts d'utérus :*

Une femme n'ayant pas d'utérus peut se faire prélever un ovule en vue d'une F.I.V. avec le sperme de son mari. L'embryon qui en résulte est implanté chez une mère de substitution, étant entendu qu'après la naissance, cette dernière donnera le « bébé-cigogne » ainsi obtenu au couple commanditaire, en échange d'une bonne rémunération ! Cette technique sera évaluée au chapitre 6.

d) *Applications futuristes :*

1. Le « bébé-bocal » (aussi appelé « bébé par ectogenèse ») :

Il s'agit de la croissance d'un embryon entièrement *in vitro*, après sa conception *in vitro*. Ainsi toute la « grossesse » se déroulerait dans une matrice artificielle, en dehors du corps maternel, de la fécondation à la naissance...

Intérêt « médical » de cette technique : au cas où l'un de ses progéniteurs aurait besoin d'une greffe d'organes, il suffirait de sacrifier ce malheureux cobaye humain avant un certain stade de son développement, et de prélever le tissu ou les organes vivants pour réaliser une homogreffe. Les parents biologiques se constitueraient ainsi leur propre banque d'organes et de tissus vivants... !

2. La parthénogenèse :

Cette technique de reproduction asexuée consiste à obtenir un embryon féminin à partir d'un ovule qui n'a pas été fécondé. Ce phénomène est connu depuis longtemps chez les végétaux et même chez les animaux. Or en 1983, des chercheurs d'Édimbourg ont observé en éprouvette les toutes premières phases de développement d'un embryon à partir du seul ovule féminin, la segmentation de l'œuf s'arrêtant au stade de huit cellules. Pour se passer du spermatozoïde, il faut doubler le nombre de chromosomes de l'ovule et le stimuler ; par exemple, comme le suggèrent les chercheurs d'Édimbourg en faisant fusionner deux ovules féminins[7] ? Dans son récent ouvrage *De l'éprouvette au bébé spectacle*, Jacques TESTART écrit qu'on pourrait ainsi obtenir une fille d'un couple féminin !

3. Le clonage :

Il s'agit d'une technique de reproduction également asexuée : l'enfant dérive d'un seul parent et lui est entièrement identique du point de vue génétique. Chaque individu aurait ainsi la possibilité de se fabriquer un nombre illimité de copies exactes, en dehors de toute reproduction sexuelle normale… !

Mais de toutes ces applications futuristes, nous parlerons plus en détails dans les deux derniers chapitres du présent ouvrage.

*

* *

Dans cet exposé quelque peu technique, j'ai voulu démontrer que les nouvelles possibilités de procréation artificielle représentent une véritable révolution de société dont la réalité est en train de rejoindre la fiction. La réussite de l'insémination artificielle et de la fécondation *in vitro* ouvre de nouvelles perspectives qui dépassent largement le cadre du traitement de la stérilité. Tout se passe comme pour une réaction en chaîne qui débute par un objectif thérapeutique louable en soi, et qui aboutit à la volonté de contrôler le développement humain et de transformer éventuellement notre existence terrestre. Certains ne caressent-ils pas le secret espoir de voir l'individu accéder à une certaine forme d'immortalité grâce au clonage ?

La question fondamentale est de savoir si nous allons laisser se dérouler cette réaction en chaîne sans la contrôler, ou bien si, forts d'une éthique solide, nous allons réagir à temps pour situer les limites entre le possible et le souhaitable.

Chapitre 4

HOMME OU DIEU ?

Lorsque les médias annoncèrent la naissance d'Amandine, le premier bébé-éprouvette français, je me trouvais à Mulhouse. J'achetai un exemplaire d'un journal régional où la photo d'Amandine s'étalait sur la moitié de la première page. Connaissant de près le drame de bien des couples stériles pour avoir longtemps travaillé dans différents services de gynécologie, je dévorai les articles se rapportant à cette première FIVETE réussie dans notre pays, puis rentrai à la maison. Très excité, je fis irruption dans la cuisine où je montrai la photo d'Amandine à mon épouse :

— Regarde ce beau bébé ! Jamais sa maman n'aurait pu l'avoir sans une FIVETE. Imagine un peu son bonheur !

Ma femme s'assit, prit le journal que je lui tendais et contempla longuement la photo d'Amandine :

— C'est vrai, c'est un beau bébé.

— Sans compter qu'elle était la plus désirée des petites filles !

Elle me répondit par un sourire puis se plongea dans la lecture des différents comptes rendus de l'événement.

Au bout d'un moment, contenant avec peine mon enthousiasme, je tentai de la relancer :

— Alors, qu'en penses-tu ?

— C'est difficile à dire !

— ... ?

— Pour la maman, pour le couple, c'est effectivement extraordinaire. La stérilité représente un tel problème pour un couple !

— Oh oui ! J'ai toujours pensé que la salle d'attente d'un

médecin s'occupant des problèmes de stérilité n'a jamais mieux mérité son nom. Car elle est dramatique, l'attente des couples sans enfants qui se tournent vers lui comme s'il était un faiseur de miracles. Des immigrés, pour lesquels la stérilité est synonyme de malheur et de déshonneur, ou bien des gens obsédés par la frustration et qui en perdent le goût de vivre.

— Tu as raison. Et pourtant je songe à toutes les conséquences possibles de cette technique...

— Quelles conséquences crains-tu particulièrement ?

— Je n'y ai pas encore réfléchi de façon approfondie. Tout cela est tellement nouveau. Pourtant l'aspect artificiel de ce genre de procréation me dérange.

— Pourquoi ?

— Parce que la maîtrise technique de la procréation peut ouvrir la porte à de nombreuses manipulations biologiques. Or la biologie n'a pas de morale. La question est donc de savoir si la société en a une qui soit valable et qui lui permette de poser des garde-fous.

Les propos de ma femme me rendirent songeur. Décidément, ce n'était pas aussi simple que cela ! D'un côté, je percevais que ses craintes étaient justifiées, mais de l'autre, je ressentais l'espoir immense que cette nouvelle technique faisait naître chez des milliers de couples stériles qui, inlassablement, viennent répéter à leur médecin : « Docteur, je voudrais tant... ».

A quelques semaines de là, j'eus l'occasion de participer à un congrès médical à Paris où l'un des orateurs nous parla des mutations actuelles dans l'exercice de la médecine. Selon lui, l'année 1968 vit l'émergence d'une nouvelle médecine, celle du désir, dont l'efficacité va croissant. D'abord désir de maîtriser totalement la fécondité de la femme par une contraception sans faille et par le droit à l'IVG. Ensuite, désir de se réaliser soi-même pleinement et par tous les moyens. Enfin, désir de réaliser le remaniement programmé de l'espèce. De sorte qu'au 21e siècle, l'eugénisme triomphant, oubliant les barrages moraux hérités du christianisme, pourrait exiger la fabrication d'enfants plus beaux, plus intelligents et plus sains...

Je rentrais de ce congrès convaincu qu'il était urgent de

dénoncer le piège que représente pour l'homme moderne cette médecine du désir, et de rappeler à nos contemporains que l'ordre créationnel est source de bénédiction.

*

* *

L'évaluation des nouvelles techniques de procréation artificielle doit se faire en fonction de la question fondamentale suivante : *selon quels critères peut-on légitimement prendre des décisions qui concernent la transmission de la vie humaine ?* La démarche critique que je propose maintenant comportera deux étapes distinctes : la première consistera à nous interroger sur les indications d'ordre général que la Bible, Parole de Dieu aux hommes, peut nous fournir sur ce sujet ; nous y consacrerons ce chapitre. La seconde — qui fera l'objet des chapitres suivants — nous proposera quelques normes éthiques découlant de ces principes bibliques et qui permettent de prendre une décision concrète. Il est évident que la Bible ne donne pas de réponses toutes faites ni au problème de l'insémination artificielle, ni à celui de la F.I.V. Dans ces conditions, je sais très bien que toute proposition concrète est sujette à contestation ou à controverse. Certains me trouveront trop conservateur et d'autres trop libéral. Je demande seulement que mes arguments soient considérés avec sérieux et sans passion, car le but principal de cet ouvrage est d'offrir des éléments de réponse à tous ceux que ces questions troublent ou préoccupent.

D'emblée, qu'il soit dit très clairement que nous rejetons catégoriquement l'hypothèse matérialiste-humaniste athée selon laquelle Dieu n'existant pas, l'homme peut vivre et agir sur la terre comme s'il était lui-même un dieu.

A l'opposé de ce concept, nous affirmons *l'autorité souveraine de Dieu*. Dès sa première ligne, la Bible parle de Dieu (Genèse 1:1). D'un bout à l'autre, elle se présente comme la *révélation* que Dieu a donnée de lui-même, révélation qui est progressive et en dehors de laquelle nous ne savons rien de suffisant sur lui.

Les normes éthiques qui guideront nos actes et notre conduite dépendent très précisément de notre acceptation ou de notre refus de l'autorité souveraine de Dieu. Les chrétiens l'acceptent et doivent alors définir les critères sur lesquels ils ne transigeront pas. Les humanistes-matérialistes athées la rejettent et s'exposent ainsi à l'arbitraire et au relativisme intégral. Nous analyserons donc successivement les conséquences de l'acceptation de l'autorité souveraine de Dieu et les conséquences de son refus.

L'AUTORITÉ

La Bible nous donne sur ce sujet trois enseignements fondamentaux :

— C'est Dieu, et lui seul, qui *exerce* l'autorité.

— Dieu *délègue* son autorité aux hommes afin qu'ils dominent sa création.

— Dieu *organise* la société des hommes sur la base du mariage.

1 - *Dieu EXERCE l'autorité suprême :*

Dieu ne dépend que de lui-même puisqu'il n'existe pas d'autorité supérieure à lui. Il détient le pouvoir absolu parce qu'il est le créateur de toutes choses (Esaïe 44:24 et Éphésiens 3:9). La création résulte d'un acte souverain et libre, dont Dieu, s'il l'avait voulu, aurait pu se dispenser. C'est par sa volonté que toutes choses existent et qu'elles ont été créées (Apocalypse 4:11). Tout existe « de lui, par lui et pour lui » (Romains 11:36). Et ce « tout » concerne particulièrement l'homme et la femme.

C'est d'abord Genèse 1:26 qui nous informe de la volonté de Dieu de créer l'homme, dans sa spécificité.

Dieu dit : Faisons l'homme à notre image, selon notre ressemblance, pour qu'il domine sur les poissons de la mer, sur les oiseaux du ciel, sur le bétail, sur toute la terre et sur tous les reptiles qui rampent sur la terre.

Puis le verset suivant nous apprend que Dieu concrétise sa résolution :

Dieu créa l'homme à son image : Il le créa à l'image de Dieu. Homme et femme il les créa.

Les deux faits révélés par les Saintes-Écritures sont donc les suivants :

a) *L'homme a été créé par Dieu :*

En français, le verbe « créer » a parfois un sens affaibli dont les synonymes sont « faire », « façonner » ou « former ». Mais dans le texte original hébreu, le verbe utilisé est « bara » qui est exclusivement employé pour décrire une activité divine. Ce verbe est très fort et désigne toujours un acte par lequel Dieu fait surgir quelque chose du néant. Le professeur Jules-Marcel NICOLE rappelle à ce propos que les théologiens ont forgé l'expression *créatio ex nihilo*, c'est-à-dire « création à partir de rien » ; cela se justifie, car il est écrit que *Dieu appelle à l'existence ce qui n'existe pas* (Romains 4:17) et que le *monde a été formé par la Parole de Dieu, de sorte que ce qu'on voit ne provient pas de ce qui est apparent* (Hébreux 11:3).[8].

Ainsi l'homme n'est pas l'effet (ou le produit) d'une évolution. Cette déclaration expresse est confirmée par le Seigneur Jésus d'une part (Matthieu 19:4 ; Marc 10:6), par l'infranchissable abîme entre l'homme et la bête, d'autre part. L'animal le plus doué n'a pas conscience de Dieu et n'a pas de nature religieuse.

En créant l'homme et la femme, Dieu pose en face de lui des vis-à-vis pour lesquels il va déployer son amour, même s'ils restent toujours infiniment inférieurs à lui (voir 1 Jean 4:7-21).

Actuellement, l'homme ne sait plus qui il est dans ce dessein d'amour.

Il y a donc une distinction fondamentale entre Dieu le créateur et l'homme, l'être créé ; entre la source de tout ce qui existe, et l'homme qui dépend complètement de la toute-puissance de Dieu pour tout ce qui touche à son existence terrestre. Tout ce qui a été créé vient de Dieu, et notamment le bien-être de l'homme lui-même.

La totalité de l'éthique biblique se caractérise par cette distinction absolue entre Dieu et sa création, l'être humain compris. Dieu est éternel et l'homme dépendant de lui ; il a besoin du Seigneur s'il veut être véritablement et pleinement humain. Pour vivre heureux sur la terre, la première démarche à accomplir est donc de reconnaître notre nature de créature et notre dépendance complète envers notre Créateur.

Créatures de Dieu, il ne nous sert à rien de revendiquer notre indépendance à son égard. Quel que soit le degré de sophistication de notre technologie, nous sommes et nous restons des êtres humains limités. Mais quelles sont nos limites ? Il nous est totalement impossible de créer la vie humaine qui est un don de Dieu, ou de nous remodeler en je ne sais quel super homme parfait. Même pas par le moyen de la biologie. Nous ne pouvons pas devenir plus que ce que nous sommes, et nous n'avons surtout pas la possibilité d'améliorer notre nature originelle. Même pas par les manipulations génétiques les plus audacieuses.

J'ai montré au chapitre précédent que nos possibilités techniques actuelles paraissent immenses dans la perspective humaine. Je voudrais dire maintenant que dans la perspective de Dieu, elles sont extraordinairement limitées ! En effet, le Seigneur nous ayant fait le don de la vie, nous n'en sommes que les gérants. Ainsi, s'il nous est possible de contrôler et de maîtriser certains aspects de la vie humaine, beaucoup d'autres nous échapperont toujours. Nous ne pouvons ni changer ni modifier les lois universelles de la vie ; nous ne pouvons qu'essayer de les comprendre grâce à la science. Notre responsabilité de créatures est de faire de la connaissance scientifique un usage correct.

L'homme n'est ni omnipotent, ni omniscient, ni illimité. Si nous parvenions à franchir les limites imparties par Dieu, nous serions voués à la déshumanisation et à la déstructuration. En effet, nos capacités ne se situent pas au même niveau que celles de Dieu. Il crée à partir de rien. D'un seul coup et parfaitement. Ce que l'homme ne peut accomplir. En aucun cas.

Pour rester pleinement humain, l'homme doit faire la distinction entre ce qui est sous son contrôle, et ce qui est sous celui de Dieu. Surtout dans la recherche médicale. Dans ce domaine, en effet, ou bien nous cherchons à nous substituer à Lui, ce qui serait un acte d'orgueil et de folie pure ; ou bien nous reconnaissons et acceptons notre nature de créature, ce qui nous permet d'œuvrer avec Dieu au bon équilibre de sa création.

b) *L'homme fut créé à l'image et à la ressemblance de Dieu :*

Ce caractère distingue fondamentalement l'homme de tous les autres êtres créés. Le mot hébreu traduit par « image » est tiré d'une racine hébraïque qui signifie « tailler » ou « ciseler ». Ainsi, être humain créé à l'image de Dieu signifie être créé comme Dieu (voir Genèse 5:1 ; 9:6 ; 1 Corinthiens 11:7 ; Colossiens 3:10 ; Jacques 3:9). Tout se passe comme si Dieu était le modèle original et l'être humain une parfaite copie. Mais cela ne veut pas dire que nous sommes nous-mêmes des dieux. En effet, Dieu est infini et l'homme est fini et limité dans le temps et dans l'espace. Dieu détient le pouvoir souverain et l'homme ne détient que le pouvoir que le Créateur veut bien lui déléguer.

Voyons donc quels sont les attributs de l'être humain qui sont analogues à ceux de Dieu :

1. L'homme a la capacité d'établir une relation intime avec Dieu, à laquelle Dieu répond :

Cette relation est concrétisée par la communication existant entre Dieu et Adam et Ève (Genèse 1:28 ; 3:9-19). La qualité de cette communication est tout à fait différente et infiniment supérieure à celle existant entre Dieu et ses autres créatures. Dieu parla à Adam et Ève qui comprirent ce qu'il disait et il lui répondirent. Cette possibilité de communication — d'interpellation — est unique et fait de l'homme une créature radicalement différente de toutes les autres. Voilà pourquoi j'ai insisté au début de cet ouvrage sur le fait que l'existence humaine n'est pas seulement une existence biologique, mais une *relation spirituelle* avec Dieu. L'homme n'est pas qu'un corps ou qu'un psychisme, il est une *personne* devant Dieu. Contrairement aux autres êtres créés, il a la possibilité de croire en Dieu, de dépendre de sa volonté et de se soumettre à son autorité souveraine.

2. L'homme est doté comme Dieu d'une personnalité qui lui est propre :

Dieu a donné à Adam et Ève une responsabilité et l'entière liberté de l'exercer. C'est ainsi qu'ils ont fixé les premiers systèmes de valeur et effectué des choix conscients. Manifestant leur créativité, ils ont montré qu'ils possédaient les éléments de personnalité analogues à ceux de la personne divine :

— l'intelligence (Genèse 2:19-20 et 3:8) ;
— la sensibilité (Genèse 3:6) ;
— la volonté (Genèse 3:6-7).

De fait, l'homme est capable d'une relation verticale avec Dieu son créateur, et aussi d'une relation horizontale avec ses semblables. Apprenant à mieux se connaître, il apprendra à connaître les besoins, les désirs et les aspirations de son prochain. Il sera capable de se lier d'amitié avec lui et de se former à l'entraide. Il saura faire preuve de tact et de sensibilité à son égard, etc.

Mais les traits du caractère d'un individu mettent du temps à s'affirmer pleinement. D'où la nécessité de l'expérience des différentes étapes de la vie. De la fécondation jusqu'à la mort !

L'embryon, nous l'avons dit, a la même essence que l'adulte qu'il sera vingt ou trente ans plus tard. Il est une personne humaine en devenir qui a déjà son identité. Son importance, son droit au respect viennent du fait que sa personnalité se développe d'abord *in utero* — Jean-Baptiste, au stade de fœtus de six mois, a tressailli dans le sein d'Élisabeth, lorsque Marie, enceinte de Jésus, a salué sa cousine (Luc 1:41-44) — puis au cours de son enfance, de son adolescence et enfin dans l'âge adulte. Les différentes caractéristiques de sa personnalité, de sa raison et de son sens moral, apparaissent chacune en leur temps. Même si cela n'est pas évident au stade du minuscule embryon, sa création à l'image de Dieu apparaît progressivement. En effet, c'est en grandissant que se manifesteront ses aptitudes intellectuelles, sa créativité, son ingéniosité, sa faculté de raisonner, son esprit d'initiative et de décision, sa liberté d'action, ses critères moraux, sa connaissance de la volonté de Dieu, sa dépendance à l'égard de Dieu, sa compassion et sa miséricorde envers les faibles, les handicapés et les malades.

L'embryon n'est donc pas quelque chose, objet des manipulations et des expériences les plus audacieuses, mais il est déjà une personne. Dès le sein de sa mère, il est connu de Dieu qui lui prépare une destinée unique dans l'univers (Psaume 139:14-16).

3. La responsabilité morale :

Créés à l'image de Dieu, capables d'établir une relation personnelle avec lui, nous avons inévitablement des obligations morales. Nous ne sommes pas les esclaves de Dieu mais ses partenaires, responsables de nos actes dont il faudra un jour lui rendre compte. Dieu est saint et juste et, en tant que chrétiens, nous sommes également appelés à être saints et justes (Colossiens 1:22 ; 2 Pierre 3:11-12).

En Éden, Dieu a traité Adam comme un être moralement responsable. Il lui a précisé les activités qu'il était autorisé à mener : travailler dans le jardin, en prendre soin et manger le fruit de tous les arbres, à l'exception d'un seul. Ainsi, un acte bien précis lui était défendu par Dieu : manger de l'arbre de la connaissance du bien et du mal (Genèse 2:16-17). Dieu n'a pas seulement prévenu Adam de ne pas le faire. Il le lui a formellement ordonné. Et pour lui permettre de prendre sa décision en toute responsabilité, le Seigneur a motivé son ordre : si tu n'obéis pas, tes yeux s'ouvriront pour la connaissance du bien et du mal. Tu acquerras ainsi une puissance semblable à la mienne, qui suscitera des désirs qu'il te sera impossible de surmonter.

La responsabilité morale qui caractérise les humains est comme l'écho de la responsabilité morale de Dieu qui a la capacité d'agir sagement et avec amour. Ainsi les obligations morales humaines, qu'on le veuille ou non, sont toujours dépendantes des commandements de Dieu, de sorte que lorsque le Seigneur est exclu de la société, les repères moraux deviennent aussitôt arbitraires et subjectifs. L'homme a besoin de Dieu pour se protéger contre lui-même ! Car si c'est la médecine du désir et de la qualité purement biologique de la vie humaine qui devient la règle, la conception de la dignité humaine centrée sur notre relation personnelle avec Dieu s'effrite. Ce n'est que la dépendance envers le Créateur qui confère à l'homme sa dignité, sa valeur et sa signification.

2 - *Dieu DÉLÈGUE son autorité aux hommes afin qu'ils dominent sur sa création :*

Autorité suprême, Dieu peut déléguer son autorité. Déléguer, c'est mandater quelqu'un avec le pouvoir d'agir. Et qui Dieu va-t-il mandater pour dominer sa création ? L'homme !

En effet, après avoir été créé à l'image et à la ressemblance de Dieu ainsi que nous l'avons vu en Genèse 1, versets 26 et 27, l'homme reçoit la souveraineté sur la terre :

Dieu les bénit et Dieu leur dit : Soyez féconds, multipliez-vous, remplissez la terre et soumettez-la. Dominez sur les poissons de la mer, sur les oiseaux du ciel, et sur tout animal qui rampe sur la terre. Dieu dit : Voici que je vous donne toute herbe porteuse de semence et qui est à la surface de toute la terre, et tout arbre fruitier porteur de semence : ce sera votre nourriture (Genèse 1:28-29).

Créés comme Dieu, nous sommes à la fois ***de peu inférieurs***

aux créatures célestes et couronnés de gloire et d'honneur (Psaume 8:5). Une responsabilité considérable repose donc sur nous pour diriger sagement le reste de la création (Genèse 2: 19 ; Psaume 8:6-8). Quoique nous soyons partie intégrante du monde naturel (Genèse 2:7), soumis aux vicissitudes et aux dilemmes de la vie terrestre, Dieu veut que nous exercions notre autorité sur ce monde. Ainsi la domination de la création par l'homme est sa responsabilité ultime ; mais cette tâche ne peut être menée à bien que si l'homme reste dépendant de son créateur (Genèse 2:15-17). La pensée divine était et demeure que l'homme soit en communion avec Dieu par son obéissance librement consentie. Si donc nous choisissons de lui désobéir, nous faisons un mauvais usage de notre responsabilité. Cela nous conduit à souffrir nous-mêmes et à faire souffrir la nature créée.

Ainsi l'homme est à la fois *dans* la nature et *au-dessus* d'elle. Il partage le sixième jour de la création avec les autres animaux, se reproduit avec une bénédiction identique à la leur et pourtant, s'en distingue fondamentalement. En effet, les bêtes défilent devant lui pour qu'il leur donne un nom (Genèse 2:19). D'après la Bible, le nom c'est le caractère fondamental d'un être. En le déterminant, l'homme assure sa domination sur les animaux.

L'homme possède donc une position privilégiée et responsable dans la création. Mais attention à ne pas la surestimer ; s'il « crée » une variété de maïs hybride, ce n'est pas à partir de rien. Sa noblesse c'est d'être uniquement ouvrier avec Dieu, d'exercer son action pour le bien de la nature créée, de la contrôler et de la gérer.

C'est là que se situent les dangers d'une technologie médicale de plus en plus puissante et efficace, sous-tendue par une philosophie humaniste-matérialiste athée. Ses succès retentissants sont tellement impressionnants qu'elle en arrive à faire oublier l'ordre créationnel. C'est vers elle que se reporte l'espoir de nos contemporains qui ont rejeté l'autorité souveraine de Dieu. Or plus l'homme s'éloigne du Seigneur, moins il dispose de repères solides en matière d'éthique.

Cela ne signifie nullement qu'il faille combattre la recherche médicale. Au contraire. Mais il faut la contrôler : être à la merci de la technologie serait une abdication de notre responsabilité d'homme. Tomber sous le contrôle de ce que nous avons réalisé serait une forme d'esclavage et une idôlatrie, alors que Dieu nous propose de rester sous son contrôle pour être libres et heureux. En tant qu'êtres humains, nous ne pouvons pas échapper à nos responsabilités, ni au contrôle que nous devons exercer sur notre cerveau et sur nos actes. Nous ne pouvons pas davantage échapper aux conséquences d'un manque de contrôle, car alors nous serions exposés à la déshumanisation.

3 - *Dieu ORGANISE la société humaine sur la base du mariage :*

L'institution du mariage est tout à fait spécifique à la race humaine. Après avoir créé l'homme et lui avoir remis la domination du monde créé, Dieu voit qu'il n'est pas bon que cet homme soit seul. Dans un premier temps, il fait défiler devant Adam tous les animaux de la création, mais l'homme ne trouve dans aucun d'eux l'aide semblable à lui. Alors Dieu forme à partir de l'homme, et pour l'homme, l'aide indispensable qu'il ne peut se donner lui-même, ni trouver dans ce qui est déjà créé (Genèse 2:18-22).

C'est ainsi que Dieu institue le mariage. Dietrich BONHOEFFER, de la cellule où les Nazis l'avaient emprisonné, écrivit un jour un sermon pour une nièce qui allait se marier. On y lisait : « Le mariage est plus que votre amour mutuel. Il le dépasse en dignité et en puissance car il est l'institution sainte par laquelle Dieu a décidé de perpétuer la race humaine jusqu'à la fin des temps. Dans votre amour, vous ne voyez au monde que vous deux. Dans le mariage, vous êtes un maillon dans la chaîne des générations que Dieu suscite et fait disparaître à sa gloire, et qu'il appelle à son Royaume. Dans votre amour, vous ne voyez que le ciel de votre bonheur. Le mariage vous rend responsable vis-à-vis du monde et de l'humanité.

Votre amour est votre bien propre. Le mariage, plus que cela : c'est un statut, une fonction »[9].

Selon la Bible, le but du mariage est quadruple :

a) *Le mariage offre aux conjoints la collaboration dont ils ont besoin :*

La femme est à la fois le vis-à-vis et l'aide de l'homme (Genèse 2:18 ; 1 Timothée 2:13 ; 1 Corinthiens 11:8,9). Ce qui m'amène à faire les deux réflexions suivantes :

1. La femme est au même niveau que l'homme tout en étant différente.

L'homme et la femme ont en commun le privilège d'avoir été créés à l'image de Dieu, privilège unique dans la création : ***Mâle et femelle il les créa*** (Genèse : 1:27). Cela implique deux manières d'exister, à la fois semblables et différentes : l'homme ne peut pas obliger sa femme à devenir semblable à lui, à devenir homme. De même une femme ne peut pas obliger son mari à devenir semblable à elle, à porter une grossesse par exemple ! Dieu l'a créée en tant que femme ; il ne s'est pas contenté d'ajouter quelque attribut féminin à l'une de ses créatures. Ainsi, ses dons naturels sont spécifiques et la féminité imprègne sa personne tout entière : non seulement son corps qui est fondamentalement destiné à la maternité, mais aussi son intelligence, son discernement, sa sensibilité, son intuition, sa manière de raisonner et de juger...

Or le mystère du mariage, c'est que ces deux manières d'exister constituent, ensemble et dans leurs différences, une unité extraordinaire. La communauté n'abolit pas l'individualité personnelle, au contraire, elle la renforce, elle l'accomplit pleinement. C'est dans la rencontre de l'autre qu'on prend conscience de soi et qu'on s'épanouit. La Bible nous raconte qu'Adam se reconnaît avec émerveillement dans la personne qui est devant lui en s'exclamant : ***Voici bien celle qui est chair de ma chair et os de mes os*** (Genèse 2:23) !

2. En donnant une aide à l'homme qui soit en même temps son vis-à-vis, Dieu voulait éviter toute rivalité, tout

antagonisme entre les deux. Le mot « aide » revient vingt et une fois dans l'Ancien Testament ; à quinze reprises, il est employé en rapport avec Dieu : c'est Dieu qui aide une personne qui en a besoin. Il n'est donc pas péjoratif comme certains ont voulu le faire croire. Au contraire, il implique à la fois le partage de la même humanité dans la réciprocité, et la non-confusion des tâches. Car la bonne santé et l'administration d'une famille dépendent du discernement et de la sollicitude de la femme tout autant que de l'autorité et de la protection du mari (Genèse 3:16-19 ; Colossiens 3:18).

Le célèbre psychothérapeute Bruno BETTELHEIM, qui est directeur d'un centre orthogénique pour enfants déséquilibrés, s'inquiète de ce que trop de maris deviennent actuellement de simples auxiliaires familiaux à la maison. Voici son avis : « La confusion des tâches est susceptible d'avoir sur les enfants des effets regrettables. De nos jours, beaucoup de pères font la vaisselle, baignent bébé et accomplissent d'autres besognes relevant traditionnellement de la mère. Il n'y a rien de mal à ce qu'un père le fasse occasionnellement, si les circonstances l'exigent ou si cela lui fait plaisir. Mais sa physiologie et son psychisme ne le destinent pas à devenir une nurse à temps partiel ! De sorte que leurs fils ne comprennent plus très bien ce que signifie « être un homme ». Si le père et la mère ont les mêmes activités, l'enfant ne peut se faire une image précise du rôle de chacun. Il n'est pas étonnant que tant de garçons et de filles soient dans le désarroi quant à la place qu'ils auront à tenir plus tard dans la vie[10]. »

Ainsi les conjoints ont tous les deux la responsabilité de veiller à ce que leurs tâches ne se confondent pas mais soient complémentaires. L'homme n'a pas à abdiquer de son rôle de chef de famille, et la femme ne doit pas usurper cette fonction. Car sa place de collaboratrice et d'aide de l'homme correspond à sa vraie nature. Elle est nécessaire à son bonheur personnel et contribue à maintenir un bon équilibre tant au sein de la famille que de la société.

b) *Le mariage permet d'assurer la continuation de la race humaine :*

Les textes bibliques établissent fondamentalement la réalité du couple originel et l'excellence de la sexualité exercée dans le cadre de l'union conjugale*. Dans le dessein de Dieu, on ne peut pas dissocier la sexualité de la procréation ; car ne plus vouloir l'enfant conduit à ne plus se lier entre homme et femme en vue d'une existence. Ce qui donne sa consistance et sa spécificité à la sexualité humaine, ce qui représente ses racines, c'est l'histoire du couple qui s'aime tout au long de la vie.

Qu'on le veuille ou non, les Écritures ne mentionnent aucune autre méthode de reproduction pour l'espèce humaine que la relation sexuelle. Ainsi toute déviation de la méthode normale que Dieu a ordonnée est sans fondement scripturaire.

c) *Le mariage scelle l'unité des conjoints :*

Ayant quitté père et mère pour fonder un nouveau foyer, l'homme et la femme deviennent une seule et même chair (Genèse 2:24). Ainsi apparaît le deuxième but de la sexualité : voulue et créée par Dieu, elle contribue à l'unité totale des conjoints, à leur attachement intime, profond et réciproque. Et pour désigner le rapport sexuel qui scelle cette unité, le chapitre quatre de la Genèse n'emploie pas l'expression « coucher avec », mais « connaître ». Or « connaître » dans la Bible, c'est s'engager entièrement, donner toute sa personne, esprit, âme et corps, appartenir pleinement à l'objet de la connaissance, partager, dialoguer et tout mettre en commun.

Dans le cadre du mariage, où l'union sexuelle n'est pas une fin en soi mais l'expression d'un don réciproque, d'une vie commune, et où elle est accompagnée d'un amour réel et concret, l'intention du Créateur trouve son accomplissement. En outre, en créant au départ *un* homme et *une* femme, Dieu montre l'importance du couple, cellule de base de la société humaine. Aucun autre homme et aucune autre femme ne doi-

---

* NdE : Pour une étude plus approfondie de Genèse 1 et 2, voir *Révélation des origines*, de Henri Blocher aux PBU.

vent pénétrer dans cette cellule privilégiée, et sous aucun prétexte. Les deux époux et eux seuls doivent faire un, et à leurs relations sont attachés l'amour, la tendresse, l'attention envers l'autre, le service mutuel et l'intimité ainsi que des privilèges et des responsabilités spécifiques. Ainsi les liens conjugaux sont plus forts que les autres, même que ceux qui unissent les enfants à leurs parents (Genèse 2:24). Jésus souligne que cela fait du mariage un rapport indissoluble (Matthieu 19:4-6). Il s'agit d'une unité dans la complémentarité, dans la pluralité, dans la diversité, et qui est porteuse de vie, de dialogue, de partage, de paix, d'amour et de pardon.

Une telle union ne peut être qu'exigeante, car elle implique un don total de soi. On ne peut donc réduire le mariage à une vulgaire passade qui n'est rien de plus qu'une caricature de la vérité, une caricature de l'intention divine.

d) *Enfin le mariage contribue à la maturité spirituelle des époux :*

Cette quatrième dimension du mariage est de loin la plus importante, car elle donne au mariage chrétien cette profondeur spirituelle qu'une large partie de la société ignore (lire 1 Corinthiens 7:2-7). Le lien du mariage est l'une des nombreuses images qui, dans les Saintes-Écritures, mettent en valeur la relation privilégiée unissant Dieu à l'homme. Le Nouveau-Testament, par exemple, nous enseigne que le mariage est l'image de l'union de Jésus-Christ avec son Église et de l'amour qu'il a pour elle (Matthieu 19:4-6) ; Éphésiens 5:21-33 ; Apocalypse 19:7-9). Et par sa soumission au Christ, l'Église non seulement reconnaît l'autorité du Seigneur, mais elle manifeste son amour pour lui. Pareillement, la soumission de la femme à son mari est l'une des formes de l'amour qu'elle lui porte, étant bien entendu que s'il est vrai que le mari « est la tête de la femme », il est également vrai qu'une tête n'est pas là pour écraser le corps ! Je crois en effet que notre définition des statuts respectifs de l'homme et de la femme dans le cadre conjugal se fait trop souvent de manière restrictive. On se réfère au rôle que l'on *a* en oubliant la manière *d'être*. Quand l'apôtre Paul écrit : ***Femmes soyez soumises chacune à son mari***

comme au Seigneur, il ajoute : ***Maris aimez chacun votre femme comme le Christ a aimé l'Église*** (Éphésiens 5:22-25). Cela implique que chaque foyer où l'on se réfère au Christ soit une maison du Seigneur ; que le mari doit y être un témoin de l'amour du Christ. C'est lui qui a reçu la responsabilité d'aimer sa femme à la mesure de l'amour que le Seigneur a manifesté à l'Église, c'est-à-dire en se donnant pour elle. C'est ici que l'on mesure à quel point demeure chez bien des maris chrétiens beaucoup de « l'homme naturel ». Les schémas culturels du monde ambiant restent profondément inscrits en nous.

Un foyer chrétien est appelé à être un « modèle alternatif » pour les couples qui l'entourent et qui n'ont pas cette référence au Christ, tout comme l'Église est un « modèle alternatif » pour notre société. C'est en son sein que se manifesteront l'homme et la femme dans leur dimension spirituelle transformée par la présence de l'Esprit Saint en eux, ainsi que « la nouvelle naissance » le permet, comme nous le rappellerons plus loin. C'est ainsi seulement qu'un foyer peut être un lieu d'amour et non de domination. D'une façon générale, l'exercice de l'autorité est d'ailleurs indissociable de l'amour et des compétences. Sans eux, il se définit par un seul mot : l'autoritarisme.

En outre, au-delà de la relation entre les époux, il faut prendre en compte la relation avec les enfants. Là, l'image du père est d'une importance majeure pour leur future relation avec leur Père, le Seigneur. Leur représentation de Dieu sera très largement influencée par l'image de leur père qu'ils ont acquise. Ont-ils eu celle du Christ aimant l'Église, exerçant son autorité dans l'amour, manifestant avec discernement justice et grâce ? Ou ont-ils acquis celle de l'autoritarisme intransigeant qui n'est d'ailleurs pas à mettre en parallèle avec la Loi ? L'enjeu est capital ! Il sera à nouveau au centre du débat quand nous évoquerons les conséquences de l'absence du père pour l'enfant à naître après une insémination *post-mortem*.

Sur le chemin de la parfaite connaissance mutuelle, c'est la présence de Jésus-Christ, écouté dans sa Parole, recherché dans la prière, manifesté dans l'amour et obéi avec le secours du

Saint-Esprit, qui contribuera à la maturité spirituelle des époux, l'un grâce à l'autre. Voilà le chemin du seul et authentique bonheur conjugal pour la durée de toute une existence terrestre.

La famille chrétienne manifestant ainsi la présence du Royaume de Dieu parmi les hommes, il n'est pas étonnant qu'elle soit l'objet d'attaques qui visent à détruire cette réalité.

LE REFUS DE L'AUTORITÉ

1 - *L'humanité fracturée :*

Le chapitre trois de la Genèse nous relate comment l'homme a succombé au péché. En fait il n'a pas été contraint de pécher, mais, tenté par le diable, il a *choisi* de désobéir à Dieu. Il est intéressant d'analyser la façon dont l'attaque de Satan s'est développée. D'abord, il essaie d'insinuer le doute à propos de l'ordre divin :

Dieu aurait-il réellement dit ? (Genèse 3.1)

Ensuite, il va plus loin : il accuse carrément le Créateur d'avoir énoncé une menace mensongère, et de vouloir chichement garder pour lui un privilège qu'il devait communiquer à sa créature laissant entendre par là qu'il n'était pas aussi *bon* qu'il ne l'avait démontré. Il fait miroiter, devant la femme, des perspectives alléchantes : ***Vous ne mourrez pas du tout ; mais Dieu sait que le jour où vous mangerez du fruit de l'arbre de la connaissance du bien et du mal, vos yeux s'ouvriront, et que vous serez***

comme des dieux (ou : comme Dieu) connaissant le bien et le mal (Genèse 3:4-5)*.

Par ce péché initial (aussi appelé la « chute »), la nature même de l'homme change ; elle est pervertie (Romains 5:19 ; 8;7-8). Désormais, toutes les actions et tous les motifs des humains sont *pollués*. Adam et Ève ont mal utilisé leur liberté ; ils ont cherché la puissance et la connaissance indépendamment de Dieu. Dans cette connaissance du bien et du mal promise par le diable et convoitée par Adam et Ève, il convient de voir la volonté de déterminer par soi-même ce qui est bien ou mal, d'une façon autonome, sans se référer à la volonté divine. Seul Dieu est compétent pour fixer des règles dans ce domaine. Satan a voulu émanciper l'homme et la femme de cette tutelle. Ceux-ci ont eu l'ambition d'être comme Dieu — ou comme des dieux — en établissant eux-mêmes leur éthique.

Depuis lors, il en a été ainsi tout au long de l'histoire. Et pourtant, comme Adam et Ève, l'homme révolté contre l'autorité souveraine de Dieu continue à être humain, créé à l'image de Dieu. Mais il est séparé de lui aussi longtemps qu'il n'accepte pas le salut offert par le Christ. Comme nos premiers parents, nous nous cachons loin de lui (Genèse 3:8-13), nous le craignons (Genèse 3:10) et nous évitons de prendre nos responsabilités d'êtres humains (Genèse 3:12-13). Je dirai que nous sommes devenus une anomalie dans la création de Dieu par le fait que créés à son image, nous voulons pourtant vivre comme s'il n'existait pas. Nous sommes à la fois semblables et dissemblables à Dieu : semblables à lui par le fait que nous possédons

---

* Ainsi le péché est un acte de *révolte* contre l'autorité légitime de Dieu, une *rébellion* contre son commandement spécifique et une *désobéissance* à sa volonté (Genèse 2:16-17). En étudiant le texte de plus près, nous constatons que cette désobéissance a pour racine *l'incrédulité*. Adam et Ève ont attaché plus de foi aux discours du tentateur qu'aux déclarations divines. Dieu avait dit : « Vous mourrez » (Genèse 2:17). Satan dit : « Vous ne mourrez point » (Genèse 3:4), et les malheureux choisissent de se fier à cette dernière affirmation, qui est mensongère.

un sens moral ; dissemblables par notre inclinaison à faire le mal au lieu du bien.

Cela est particulièrement évident dans le domaine de la recherche médicale dont les applications mêlent le bien et le mal de façon inextricable. Dans un même établissement hospitalier, des équipes médicales sont capables de se battre pendant des semaines et des mois pour sauver la vie d'un grand prématuré, alors que dix mètres plus loin, d'autres interrompent quotidiennement des grossesses qui auraient pourtant donné des enfants parfaitement sains et en bonne santé. Les effets heureux et pervers de la technologie médicale sont intriqués et reflètent tout à la fois le miracle et la tragédie de la vie humaine, sa ressemblance à Dieu, tout comme son orgueil et sa rébellion contre son autorité.

De façon similaire, nous risquons de mal utiliser les nouvelles possibilités que nous offre la fécondation *in vitro*. S'il est louable en soi de permettre à un couple stérile de concevoir grâce à la FIVETE, attention aux détournements et aux extensions à long terme de cette nouvelle technique !

Ainsi, trop attendre de la technologie médicale revient à sous-estimer les effets du péché de l'homme, c'est-à-dire de sa volonté d'autonomie à l'égard de Dieu, et à ignorer nos limitations. Quoique la technologie médicale ait de bien des manières apporté une grande contribution au bien-être des hommes, elle n'a pas amélioré et n'améliorera jamais la condition humaine originelle. Ses applications bonnes ou mauvaises dépendent des motivations et des aspirations des hommes, fondamentalement faussées par le péché : ce n'est pas elle qui fera parvenir l'homme au Bien.

2 - *La dimension spirituelle de l'homme doit être changée :*

A l'origine, et d'après le Professeur John H. YODER, qui enseigne l'Éthique à l'Université Notre-Dame, en Indiana (USA), les « Puissances » faisaient partie intégrante de la création bonne de Dieu (Colossiens 1:15-17). Ni la société, ni l'histoire, ni même la nature ne pourraient subsister sans cohérence, sans ordre — et Dieu y a pourvu. Il serait faux de croire que l'univers est soutenu arbitrairement, immédiatement et de manière capricieuse par une succession ininterrompue de nouvelles interventions divines. Il a été créé de façon ordonnée et « il a été trouvé bon ». Le pouvoir créateur s'est manifesté sous une forme médiatisée, par le moyen des « Puissances » qui régularisent toute la réalité visible.

Mais depuis la chute elles ont asservi l'homme. En effet, elles cherchent à nous séparer de l'amour de Dieu (Romains 8:38) ; elles règnent sur la vie de ceux qui demeurent séparés de Dieu (Ephésiens 2:2) ; elles asservissent l'homme à leurs règles (Colossiens 2:20) ; elles le maintiennent sous leur tutelle (Galates 4:3).

Ces structures, qui étaient supposées servir l'homme, sont devenues ses maîtres et ses geôliers. En effet, le terme « esclavage » est fréquemment employé dans le Nouveau Testament pour décrire l'état désespéré de l'homme sans le Christ. De qui l'homme est-il alors le sujet ? Précisément de ces autorités illégitimes indispensables à l'existence de l'individu et de la société, mais qui, devenues idoles, ont réussi à se faire servir par l'homme comme si elles étaient des valeurs absolues.

Et voici la conclusion du Professeur YODER : « Ainsi, loin d'être archaïque ou insensée, l'« exousiologie »* de l'apôtre Paul, c'est-à-dire sa doctrine des Puissances, se révèle être une analyse très pertinente des problèmes de la société et de l'histoire, beaucoup plus fine que les approches des théologiens qui ont tenté de décrire ces mêmes réalités en terme de « création » ou de « personnalités ». Certaines théologies traditionnelles ont abordé ce sujet sous le titre général d'« ordres de la création ». Mais il a rarement été possible, sinon jamais, de combiner avec tant de clarté et de précision la reconnaissance simultanée de la condition déchue de l'homme et du contrôle providentiel et continu de Dieu[11]. »

Dès la chute, Dieu a voulu que l'homme retrouve sa com-

---

* NdE : terme qui vient du grec escousia : puissance.

munion avec lui et l'autorité qu'il avait reçue au commencement (Romains 8:29 ; Apocalypse 21:3 ; 20:6 ; 22:5). Aussi a-t-il choisi pour l'humanité, le seul remède possible à la conséquence mortelle du péché : la mort expiatoire de Jésus-Christ, son Fils bien-aimé (Actes 4:12 ; Hébreux 9:26). Le Christ l'annonce dans son entretien avec Nicodème (Jean 3:1-21) : il faut « naître de nouveau », non point d'une naissance physique, mais d'une naissance spirituelle (de l'Esprit) confirmée par le baptême (d'eau).

La mort du Christ qui se substitue à nous, qui se charge de nos péchés et qui subit volontairement le châtiment que nous méritions, n'a pas pour seule conséquence le pardon de Dieu pour celui qui *croit*. Elle rétablit la communion perdue entre l'homme et son Créateur. Cette relation retrouvée se concrétise par la venue de l'Esprit Saint dans la vie du croyant (1 Corinthiens 6:19). La dimension spirituelle de l'homme n'est donc plus soumise à la domination des « puissances », mais à la présence de la troisième personne de la Trinité.

Tel est l'homme spirituel né de nouveau : le péché ne domine plus sur lui (Romains 8:1-4), son éthique n'a plus pour seules références sa conscience, sa notion *personnelle* du bien et du mal ainsi que les normes de la société dans laquelle il évolue. C'est désormais l'Esprit Saint qui habite en lui, qui lui communique la notion du bien et du mal *selon Dieu*, et lui permet d'ajuster sa conduite. C'est la Bible, Parole de Dieu aux hommes, lue personnellement, enseignée dans l'Église et *mise en pratique*, qui lui permet de construire peu à peu des modes de comportements conformes à la volonté divine.

Il conviendrait bien sûr de développer largement toute la richesse de cette vie spirituelle nouvelle dans tout ce qu'elle comporte de découvertes : intimité toujours plus profonde avec Dieu lui-même, sens de la vie, équilibre intérieur, guérison de la dimension psychologique sinon physico-biologique, établissement de relations avec autrui basées sur ce que l'Écriture appelle le « fruit de l'Esprit » :

Mais ce que l'Esprit-Saint produit, c'est l'amour, la joie, la paix, la

patience, la bienveillance, la bonté, la fidélité, la douceur et la maîtrise de soi. La loi n'est certes pas contre de telles choses ! (Galates 5:22 dans la version en français courant).

Mais cet ouvrage n'y suffirait pas. Je me contenterai donc de ce court développement en indiquant que la nécessité de la « nouvelle naissance » et le rôle joué par le Saint-Esprit dans la nouvelle dimension spirituelle de l'homme apparaîtront encore ici ou là dans les pages qui suivent. Ce sera le cas lorsque se posera de nouveau le problème de l'éthique ou de l'apparition des clones.

Pour conclure, je dirai que c'est le Saint-Esprit qui a donné sa pleine dimension à l'humanité de Jésus. Par son incarnation, le Christ a rendu possible la redécouverte de la plénitude de l'expérience humaine, celle que connaissait l'homme avant la chute. C'est le Saint-Esprit qui vient donner sa pleine dimension à notre propre vie si nous sommes « nés de nouveau » (2 Corinthiens 5:17).

Je crois sincèrement que ni la biologie ni la recherche médicale ne représenteront un danger pour le genre humain tant qu'elles seront appliquées pour la compréhension et la saine appréciation de la vie humaine. Elles ont la faculté potentielle de nous aider à nous réjouir de notre statut d'être créé à la ressemblance de Dieu. Mais pour définir ce statut de créature, il nous faut comprendre les implications de la vie terrestre du Seigneur Jésus, ainsi que la signification de sa mort et de sa résurrection.

Voilà pourquoi les perspectives offertes par la technologie biomédicale doivent être placées dans leur véritable contexte humain. Elles n'ouvrent pas la route d'un avenir parfait ; elles ne sont ni illimitées, ni toutes puissantes. Elles doivent contribuer à embellir notre expérience humaine et non risquer de nous déshumaniser. Car être pleinement humain, c'est être le reflet, en tant que créature finie, du Dieu infini qui nous a créés.

3 - *L'autorité de l'homme bafouée :*

Il est vrai que nous reconnaissons le mal, mais nous sommes indulgents à son égard, parce qu'il fait désormais partie intégrante de notre perception de la réalité. Nous sommes bons et mauvais tout à la fois. Aussi sommes-nous enclins à l'hostilité comme à l'harmonie, à l'horreur comme à la beauté, à la maladie comme à la santé, à la mauvaise utilisation de la création de Dieu comme à son bon usage, à la déshumanisation de nos enfants comme à leur saine éducation. Si souvent la créativité tourne court, nos actions sont irrationnelles, nos désirs égoïstes et notre attitude orgueilleuse. Nos vies reflètent la confusion et l'ambiguïté. Nous aspirons aux bonnes choses et pourtant nous pervertissons et polluons ce qui est bon. L'envie, la jalousie, la suspicion, le manque d'amour, l'égoïsme et l'orgueil détruisent nos relations et nous dressent les uns contre les autres.

En vivant loin de Dieu comme des nouveaux dieux, nous déstabilisons sa création par une attitude autoritaire malfaisante. L'autorité légitime procède de la soumission à Dieu, de la paix et de la justice, de l'humilité et de l'amour ; au contraire, l'autoritarisme est un système artificiel basé sur la rébellion contre Dieu, la violence et l'injustice, l'orgueil et l'égoïsme. Dans un tel contexte, nous ne pouvons plus manifester les caractéristiques d'une personnalité vraiment humaine.

4 - *Le mariage disloqué :*

L'homme, en rejetant l'autorité souveraine de Dieu, ne peut évidemment plus refléter sa gloire, son amour et sa sainteté dans l'institution du mariage. Le mariage est une institution créationnelle faite pour durer toute la vie et placée sous le signe d'une alliance entre l'homme et la femme qui s'aiment : on s'engage réciproquement, et on se fait un serment de fidélité. Le mariage n'est donc ni une rencontre éphémère, ni une union à la sauvette.

Dans notre société, le sens profond du mariage a été déformé, détourné et perverti. Le mariage est disloqué et, comme nous l'avons vu au chapitre deux, le courant actuel en direction de l'union libre est de plus en plus fort. L'union libre devient de plus en plus attirante et bien plus tentante que le mariage lui-même. En effet, ses défenseurs récusent l'engagement réciproque du mariage sous prétexte qu'il aliène la liberté et le moi. Quant au serment de fidélité, disent-ils, il n'est que mensonge et hypocrisie car « demain, je ne sais pas si je t'aimerai encore, j'ignore si tu me plairas toujours et si je voudrai toujours de toi ; je ne puis donc m'engager pour la vie, je refuse l'engagement. Faisons donc des mariages à l'essai ».

Le mariage à l'essai, je le dis souvent aux jeunes qui m'interrogent, c'est une caricature de l'intention divine où $1 + 1 = 2$. Or le singe de Dieu, c'est Satan. S'il nous propose l'union libre et si nous l'adoptons, nous singeons la vérité et nous nous détournons de la volonté de Dieu pour nous. Et pour notre plus grand malheur.

Le mariage, par contre, n'est pas une addition, mais une bi-unité, enrichissante et épanouissante pour l'homme et la femme, où $1 \times 1 = 1$. C'est dans ce cadre protégé que l'homme et la femme procréent et se « connaissent ». Le mouvement féministe est né pour une large part du détournement de l'intention divine à l'égard du mariage (autoritarisme du mari, volonté d'autonomie propre à tout être humain) et, pour aussi positif qu'il soit, de l'accès de la femme à l'instruction, à la culture et au monde du travail. Il a bouleversé l'ordre créationnel en établissant que la femme devait acquérir seule ce qui lui est normalement donné dans le mariage. Aujourd'hui, la revendication fondamentale pour une sexualité libérée, d'une part, et pour la maîtrise totale de la procréation, d'autre part, a déformé l'intention de Dieu en matière de sexualité.

C'est ainsi qu'on en est arrivé à fabriquer des enfants en laboratoire par une tierce personne, alors que les parents se contentent de fournir spermatozoïdes et ovules. Cet aspect artificiel de la procréation n'est pas conforme à l'intention du Créateur, car la vie est un don de Dieu qui ne saurait être ni systématiquement manipulée, ni utilisée expérimentalement, mais qui doit être reçue dans un acte d'amour mutuel.

Chapitre 5

POUR OU CONTRE L'INSÉMINATION ARTIFICIELLE ?

Cher Samuel,

Un grand merci pour ta longue missive dont l'argumentation si détaillée m'a donné matière à réflexion.

Finalement, je pense que tu as raison de souligner que la science est moralement neutre, et que c'est l'application qu'on en fait qui peut être bonne ou mauvaise. Ce n'est le problème pas seulement de la recherche médicale mais celui de la science en général (exemples : les applications de l'énergie atomique, de l'électronique, etc.).

En ce qui concerne l'insémination artificielle, je suis confronté à un problème personnel que je t'avais laissé entrevoir dans mon précédent courrier. J'ai voulu le garder pour moi, mais le moment est venu d'en parler, même si c'est très difficile. Tant pis, je me jette à l'eau ! Alors voilà de quoi il s'agit :

Il y a quelque temps, influencé par un ami qui travaillait dans une banque de sperme que je ne nommerai pas, j'ai fait un don de mon sperme « pour la bonne cause ». J'ai touché une indemnité, non négligeable lorsqu'on est étudiant, et j'ai éprouvé une satisfaction légitime, voire même une certaine fierté à la pensée de venir en aide à un couple stérile.

Tout allait bien quand environ deux mois plus tard, j'ai commencé à faire des cauchemars. La première fois, j'ai rêvé que j'étais le père d'un garçon aux yeux bridés qui ne me ressemblait absolument pas, et dont, paradoxalement, je ne connaissais pas la mère. Je me suis réveillé terriblement angoissé, en sueur et avec des palpitations cardiaques.

C'est alors que j'ai repensé à ce don de sperme. J'ai téléphoné à mon ami pour essayer de récupérer les « paillettes », mais il n'y avait rien à faire ; peut-être même avaient-elles déjà été utilisées pour inséminer la femme d'un couple stérile. A cette pensée s'éclipsèrent les sentiments de fierté et de satisfaction éprouvés auparavant. Car je réalisais soudain que j'allais peut-être devenir le père d'un ou de plusieurs enfants que je ne connaîtrais jamais. C'était effrayant. Dès la nuit suivante, j'ai fait un second cauchemar. J'ai rêvé qu'il m'était absolument impossible de trouver une jeune fille à laquelle m'attacher : à plusieurs reprises j'étais sur le point de me fiancer mais chaque fois, dans le regard des jeunes filles que je fréquentais, une ombre, une interrogation, un doute, une tristesse surgissaient. Et à chacune je demandais : « Tu es donc au courant, n'est-ce pas ? » Et toutes me répondaient par un hochement de tête affirmatif.

C'est à la suite de ces rêves que j'ai fait une dépression. Cet état s'est prolongé pendant plus de six mois. Plusieurs fois, j'ai voulu en parler à des personnes de confiance, mais je n'en ai jamais eu le courage. Heureusement, j'ai eu le privilège de rencontrer une jeune fille chrétienne à Paris il y a environ trois mois. Nous nous aimons vraiment, et nous avons l'intention de nous marier l'an prochain. Je lui ai tout avoué et dans son regard, contrairement à celui des jeunes filles de mon cauchemar, il n'y a pas eu la moindre ombre, la moindre tristesse ou le moindre jugement.

Elle a compris et elle ne m'en veut pas. Grâce à elle, j'ai pu sortir de mon état dépressif. Elle n'était pas là quand tu as parlé à M..., mais elle a écouté ta cassette et je lui ai parlé de nos entretiens et de notre échange de correspondance. C'est elle qui m'a poussé à t'écrire aujourd'hui, car il me reste toujours une idée fixe. Je me dis que si nous nous marions et que nous avons des enfants, il n'est mathématiquement pas impossible que l'un d'eux épouse un jour un enfant conçu grâce à mon don de sperme. Je sais que c'est un fantasme idiot*, mais j'ai absolument besoin d'une réponse satisfaisante à cette obsession avant notre mariage. Crois-tu pouvoir m'aider ?

Finalement, vois-tu, j'ai préféré t'écrire tout cela plutôt que de te le dire de vive voix. Je suis soulagé d'avoir pu confier ce problème à un ami. Je réalise que la réponse n'est pas simple, et si tu le préfères, je suis prêt à venir en discuter avec toi en Alsace...

Avec toute mon amitié,

Jean-François

*

* *

Quelle attitude adopter à l'égard du problème de l'insémination artificielle ? Peut-on simplement dire qu'on est pour ou contre cette technique en général ? Pour ma part, il me semble que la réponse est tout à fait différente selon qu'il s'agit d'une insémination artificielle intraconjugale (ou I.A.C.) ou d'une insémination artificielle avec sperme de donneur (ou I.A.D.). Évaluons donc successivement ces deux techniques :

ÉVALUATION DE L'I.A.C.

Au chapitre précédent, nous avons rappelé que le mariage est une institution divine qui engage personnellement et irrévocablement les conjoints dans une œuvre commune : la fondation d'une famille. L'enfant est le témoin vivant de l'amour

---

* NdA : Le fantasme est la projection d'un désir inconscient, lié souvent à des représentations d'images, sans passage à l'acte.

de ce couple à qui il doit d'exister. Grâce à lui, l'époux se découvre comme père et l'épouse comme mère. Fruit de cet amour qui associe deux personnes, et pas seulement deux corps, l'enfant est la synthèse vivante de la différence entre l'homme et la femme. Il couronne l'attente du couple, il scelle son union. D'après Henri WATTIAUX, Assistant à l'Université de Louvain-la-Neuve : « Dans ce que son avenir a d'imprévisible, l'enfant est le symbole d'un appel permanent à une lente et longue patience pour s'épanouir dans une unité croissante au cours d'une *histoire*. Dans les joies et les soucis dont il sera la source ou la cause, ses parents auront à découvrir à quelle vocation est appelé leur amour dans le mariage[12]. »

Le problème de la stérilité touchant environ 10 % des couples, l'I.A.C. apparaît comme un moyen légitime de résoudre cette difficulté, notamment dans les cas d'hypofertilité comme nous l'avons vu au chapitre trois. L'introduction artificielle de la semence de l'homme dans l'utérus de sa femme peut dans ce cas représenter une forme d'accomplissement et de plénitude du mariage pour les couples stériles qui la demandent.

Néanmoins, chaque cas doit être pris en considération individuellement. D'une part, il ne faut pas faire du négativisme systématique face à tous les progrès de la science ; notre devoir est de faire de la connaissance scientifique un usage correct. Mais d'autre part, le couple stérile ne saurait ignorer les quatre objections essentielles qui peuvent être formulées à l'encontre de l'I.A.C. :

1 - *Le recueil du sperme par masturbation :*

Comme nous l'avons signalé, une insémination artificielle exige d'abord le recueil du sperme par masturbation.

Dans le recours à l'insémination intraconjugale, les théologiens catholiques estiment que la masturbation n'a pas le caractère égocentriste qui la caractérise lorsqu'il s'agit de rechercher un plaisir sexuel « stérile ». D'après R. TROISFONTAINES, il s'agit d'un acte orienté vers la procréation et qui respecte la communion des personnes. Dans le cas de l'I.A.C., le moyen n'a pas à être justifié : ordonné à la fin dernière (qui est la conception de l'enfant du couple), il n'est pas mauvais et ne saurait être condamné[13].

Il n'en reste pas moins vrai qu'une telle exigence de la technique répugne à certains chrétiens pour qui la masturbation est une forme d'impureté. De fait, le processus de procréation fut conçu par un Dieu infini et sage, et il est traité avec un sens extrême du sacré dans la Bible. Il s'agit d'un *mystère*, qui unit dans l'intimité la plus profonde le plaisir du sexe, la communication de l'amour et le désir des enfants.

En réalité, le problème de la masturbation pose la question beaucoup plus générale du caractère artificiel de ce genre de procréation.

2 - *Par définition, l'I.A.C. est un moyen artificiel de procréation :*

L'I.A.C. représente une intrusion de la technique dans ce qui est naturellement le lieu de la plus grande intimité ; certains couples peuvent voir dans cette intrusion artificielle un obstacle insurmontable.

Pour d'autres, au contraire, les manœuvres exigées par la technique sont un signe d'amour mutuel. Et ce, même si elles engendrent un certain malaise, notamment quand le sperme du mari est recueilli par masturbation. Pour eux, en effet, l'enfant ainsi conçu n'est pas le simple fruit d'une manipulation technique qui, en elle-même, n'exprime ni sentiment, ni don mutuel. Car le plus souvent, l'enfant a été longuement attendu et désiré ; avant même d'être conçu, il a été entouré d'un dialogue approfondi entre l'homme et la femme. Il est donc bien le fruit de l'amour des époux dont la volonté de se donner entièrement l'un à l'autre cherche à s'accomplir dans le don de la vie à un être issu de leurs propres corps.

Néanmoins, la Bible n'approuve aucune autre méthode de reproduction pour l'espèce humaine que la relation sexuelle dans le cadre de la pleine « connaissance » conjugale. Bien sûr, l'insémination intraconjugale était inconnue à l'époque où la

Bible fut écrite. Malgré cela, il existe une ombre de doute là où les Écritures sont silencieuses. Si donc le couple concerné considère ce silence de la Bible comme un espace pour sa liberté, c'est à lui, et à lui seul, de prendre la décision d'une I.A.C. en toute responsabilité devant Dieu et devant la société.

3 - *Les problèmes conjugaux :*

Avant le début d'un traitement anticancéreux du mari, quand ses conditions de travail sont particulièrement dangereuses ou quand il se trouve éloigné du domicile conjugal pour une longue période, son sperme peut être déposé dans une banque de sperme en vue d'une I.A.C. ultérieure. Un tel dépôt est également recommandé avant toute vasectomie (ou stérilisation masculine définitive) au cas où le couple reviendrait sur sa décision de ne plus avoir d'enfants.

Et puis il y a les couples théoriquement féconds, mais qui ne peuvent concevoir du fait qu'il leur est impossible d'avoir des relations sexuelles complètes. La plupart d'entre eux désirent être parents, certains estiment même que la venue d'un enfant contribuerait à améliorer la qualité de leurs relations. C'est une situation peu fréquente où le recours à l'I.A.C. est proposé pour répondre à l'attente du couple.

Dans tous ces cas, je pense qu'il convient de faire preuve de discernement et de sagesse. Il ne faudrait pas que s'ancre dans l'esprit des gens l'idée qu'un enfant puisse être conçu à la carte, indépendamment des relations sexuelles normales dans le cadre de l'intimité conjugale. Le cas qui suit en est l'exemple le plus préoccupant.

4 - *L'insémination post-mortem :*

La France entière a pris connaissance de ce grave problème en 1984 avec l'histoire de Corinne. Alain, son mari, était décédé à l'âge de 26 ans d'un cancer des testicules. Or de son vivant, et pour préserver ses chances d'être père, il avait effectué un dépôt de son sperme au CECOS du Kremlin-Bicêtre avant le début du traitement chimio et radiothérapique.

Après le décès d'Alain à Noël 1983, Corinne demanda au CECOS d'abord, puis à la Justice, la restitution des paillettes du sperme de son mari qu'elle considérait comme étant son bien, afin de se faire inséminer. En août 1984, le tribunal de Créteil autorisa la restitution à Corinne du sperme congelé de son mari décédé ; le Professeur Georges DAVID, président de la Fédération française des CECOS et directeur-fondateur du CECOS du Kremlin-Bicêtre, annonça qu'il ne ferait pas appel du jugement. Les paillettes du sperme d'Alain furent donc remises au médecin de Corinne. Corinne fut inséminée, mais sans réussite...

Le problème de l'insémination *post-mortem* est très délicat et ne manquera pas de se poser de plus en plus fréquemment dans les années à venir. Alors comment y répondre ?

Les défenseurs de ce type d'insémination font remarquer que le couple n'est jamais à l'abri d'une désunion (par divorce ou décès) ; d'après eux, un enfant issu d'une insémination *post-mortem* se trouve à peu de choses près dans la même situation que celle, beaucoup plus fréquente, d'enfants nés de parents s'étant séparés ou ayant divorcé peu après la conception. D'un point de vue éthique, nous ne saurions accepter le principe de l'insémination *post-mortem* sur de si faibles arguments.

D'un point de vue juridique, l'insémination *post-mortem* crée un véritable imbroglio. A l'idée qu'un être humain puisse naître d'un mort, les juristes sont saisis par un sentiment d'irréalisme !

— En premier lieu, est-il possible de décider de l'utilisation du sperme après le décès du mari, et qui peut en décider ? Il est certain que si le déposant a spécifié la destruction, sa volonté doit être respectée. Les choses sont déjà plus ambiguës s'il a manifesté son accord pour une éventuelle insémination *post-mortem*. Mais que doit-on décider en l'absence de volonté exprimée comme dans le cas du sperme d'Alain ? Ici, toutes les opinions peuvent être soutenues ; pour ma part, il me semble difficile de considérer que le dépôt de sperme — qui dans l'esprit du déposant était destiné à être utilisé après sa guérison — puisse faire présumer avec suffisamment de vraisemblance qu'il ait voulu en autoriser l'utilisation après sa mort...

— Reste l'obstacle actuellement infranchissable de la filiation de l'enfant qui naîtrait d'une telle insémination. En l'état actuel de la législation, il est absolument impossible de le rattacher au déposant. Il devra être considéré comme l'enfant naturel de sa mère. En effet, pour bénéficier d'une filiation légitime, il est indispensable qu'un enfant ait été conçu pendant le mariage (Code civil, art. 312) ; et ne sont présumés conçus pendant le mariage que les enfants nés moins de trois cents jours après la dissolution du mariage (Code civil, art. 315). Or, le mariage est dissous par la mort de l'un des époux (Code civil, art. 227). Il est donc tout à fait exclu de pouvoir déclarer enfant légitime du couple l'enfant né d'une insémination artificielle *post-mortem*. A moins de faire admettre que la conception s'est produite pendant le mariage, et déclarer la légitimité de cet enfant...

La solution semble pour le moins hasardeuse ! Adapter la législation ne règlerait pas tous les problèmes. D'autres se poseraient, ne serait-ce que celui de la preuve que l'enfant est bien né de l'insémination pratiquée... Ou encore : pendant combien de temps acceptera-t-on de pratiquer cette insémination, ou au terme de quel délai, sachant que les techniques de congélation du sperme garantissent actuellement son pouvoir fécondant pendant une dizaine d'années ? Pour combien de naissances et dans la limite de quelles possibilités techniques ?

Et surtout : est-ce vraiment souhaitable ?

On est donc pris de vertige devant les implications d'une telle possibilité, car ce sont tous les problèmes de filiation et d'héritage qui sont bousculés. Une fois de plus, les progrès de la science ont dépassé le cadre législatif et la réflexion éthique.

Pour ma part, je crois que nous devons nous en tenir au principe fondamental selon lequel l'insémination intraconjugale ne peut être qu'un moyen de lutte contre la stérilité d'un couple vivant et uni par les liens du mariage ; ce n'est pas un banal moyen de procréation aux indications indéfiniment extensibles. Voici à ce propos le point de vue du Père Olivier DE DINECHIN dans un récent numéro de l'hebdomadaire *La Vie* :

« Certes, l'enfant est issu de son père et de sa mère, mais il naît aussi dans une société. Cette société a un droit de regard, car elle ne peut laisser venir au monde des enfants dont les droits, les garanties de filiation, de succession, par exemple, ne seraient pas respectés. Le droit à la procréation n'est donc pas illimité. »

Et d'insister sur un autre point qui nous paraît aussi très important :

« De plus, lorsque survient un deuil dans un couple, c'est un événement grave, une rupture. Rien ne sera plus jamais comme avant ; l'enfant qui viendra alors risque d'avoir le plus grand mal à bâtir sa personnalité, à savoir sa propre existence, en dehors du père disparu[14]. »

La Bible nous enseigne que le mariage et l'amour conjugal sont d'eux-mêmes ordonnés à la procréation et à l'éducation. Ce qui, à propos des enfants, m'amène à faire les deux réflexions suivantes :

1. Les enfants représentent le *don* le plus excellent du mariage. Après avoir donné à l'homme une femme qui soit son vis-à-vis, Dieu a voulu que l'être humain participe d'une manière spéciale à son œuvre créatrice. C'est pourquoi il bénit l'homme et la femme en leur disant : ***Soyez féconds et multipliez-vous*** (Genèse 1:28). Et l'homme procréa. Grâce aux enfants, le nom de l'homme peut être commémoré, étant bien entendu que tout être humain est fini et mortel. C'est là le sens de l'expression biblique « Yad Vashem » que l'on trouve dans les prophéties d'Esaïe, et qui est une promesse du Seigneur aux justes qui n'ont pas eu d'enfants au moment de leur vie terrestre :

Je leur donnerai un nom éternel qui ne périra pas (Esaïe 56:2)

Et puis, en tant que don de Dieu, l'enfant représente un « capital-vie » que ses parents ont la responsabilité de bien gérer. Car :

2. La venue d'un enfant implique des *devoirs* pour le couple. En transmettant la vie, les époux doivent être les *éducateurs* de leurs enfants. Ils sont pour eux l'image de l'amour du Créateur à qui ils rendent ainsi gloire.

La famille constitue le fondement même de la société. Elle possède une dimension affective inégalable capable de former le jeune enfant aux réalités de la vie. Elle lui permet de devenir autonome, d'intégrer progressivement et harmonieusement une personnalité riche et équilibrée ; enfin, elle le rend capable de former des relations enrichissantes et durables. Comme le disent les théologiens catholiques, elle est par excellence « l'école d'enrichissement humain ».

En pratique, si le comportement de ses parents n'est pas un modèle pour lui, l'enfant sera désorienté et troublé. Car il doit pouvoir se faire une image précise du rôle de chacun d'eux. En cas d'absence du père, par exemple, l'enfant sera dans le désarroi quant au modèle de la véritable autorité. En effet, l'autorité divine investie au père de famille est modelée sur celle de Jésus-Christ, et l'autorité du Christ est fondée sur son sacrifice. L'enfant n'aura donc pas l'exemple concret d'une telle autorité basée sur le don de soi, et assortie de la responsabilité de la bonne marche du foyer.

En réponse aux partisans de l'insémination *post-mortem*, je dirai qu'il faut prendre avec Dieu la responsabilité d'un enfant. Lui offrir une famille, un père et une mère bien vivants, des frères et des sœurs qui le formeront et se formeront avec lui au partage, à la solidarité, au support, à l'affection, démarches d'un amour authentique qui s'étendra à son prochain. Car ce ne sont pas les meubles d'une maison et les montagnes de jouets qui font un foyer, mais bien l'amour, la joie, la paix, la sympathie et l'intérêt que l'on porte à la vie et aux problèmes les uns des autres.

J'irai même plus loin en affirmant que la finalité de la vie d'un enfant est plus importante que sa vie même ! En effet, biologiquement et juridiquement, le fœtus ne fait pas partie du corps de la mère. Il y est seulement logé, porté et nourri pendant les neufs mois de la grossesse. Il est réellement un nouvel être humain, ayant une individualité et une spécificité propres. Sa croissance et son développement doivent donc être appréhendés dans le contexte général du *but* d'une nouvelle vie humaine que le père et la mère ont la mission de l'aider à découvrir. Ainsi une veuve, aussi intense que soit la douleur de la séparation d'avec son époux, ne doit pas faire appel à l'insémination *post-mortem* sous prétexte que le bébé qui résulterait d'une telle insémination comblera la sensation de vide ressentie. Au contraire, il est possible qu'évoquant le souvenir du père-fantôme, sa présence gêne le déroulement normal du « travail de deuil » indispensable au retour à l'équilibre de la mère. Les sentiments maternels peuvent être fort ambigus et évoluer au fil des années, surtout si la mère est amenée à se remarier. Rien ne garantit donc de saines relations entre la mère et l'enfant *post-mortem* qui lui rappelera sans cesse l'époux disparu.

Par ailleurs, cet enfant obtenu « à tout prix » ne sera-t-il pas hanté toute sa vie par l'image de son père ? Même si celui-ci n'est jamais là pour lui donner des directives précises et répétées, ne se rappellera-t-il pas au souvenir de son enfant lorsque ce dernier s'interrogera sur les circonstances de ses origines ? Cet enfant ne sera-t-il pas victime d'une image trop idéalisée de son père ? Reprochera-t-il un jour à sa mère de l'avoir conçu en sachant qu'il n'aurait pas de père ? Lui demandera-t-il non pas : « *pourquoi* m'as-tu voulu à tout prix », mais : « *pour quoi* » ?

Voilà pourquoi la pratique de l'I.A.C. doit être formellement limitée à la réalité du projet de création d'une famille placée sous la responsabilité d'un père et d'une mère. L'insémination intra-conjugale prend une consonnance impersonnelle et artificielle, elle est même menacée de déshumanisation, dès lors que le projet de la venue d'un enfant sort du cadre de la « connaissance » — au plein sens biblique du terme — qui doit unir l'homme et la femme qui s'aiment.

ÉVALUATION DE L'I.A.D.

L'insémination avec sperme de donneur implique fondamentalement le fait que les conjoints exercent leur responsabilité de parents d'un enfant qui, biologiquement, sera celui de l'épouse *ET* d'une tierce personne. Nous allons voir dans les pages qui suivent que même dans le contexte matrimonial, l'I.A.D. crée plus de problèmes qu'elle n'en résout, car nous mesurons encore très mal l'ensemble des conséquences de cette nouvelle technique de procréation artificielle.

Le vide juridique étant la règle en la matière, on rencontre des situations étonnantes. Dans une petite ville des États-Unis, deux jeunes gens nés par I.A.D. ont dû renoncer à se marier : ils avaient été engendrés par le même géniteur ! Ailleurs en Amérique, une jeune femme de 20 ans, née par I.A.D., vient de créer une association « d'issus d'I.A.D. » ; en effet, déçue par les deux maris successifs de sa mère, elle estime ne jamais avoir eu de « père affectif » et cherche à faire lever l'anonymat de son père géniteur ! A Londres, en avril 1983, le Professeur britannique Ducan MITCHELL, co-auteur d'un livre intitulé *La Famille artificielle*, a révélé que la distraction d'un employé d'une banque de sperme anglaise a été à l'origine de la naissance d'un bébé noir dans un couple de race blanche !

Les situations frisent parfois le vaudeville biologique, par exemple lorsqu'une femme envoya son amant, et non son mari, pour féconder son ovule en éprouvette ! C'est ainsi qu'en ce qui concerne spécifiquement l'I.A.D., des scientifiques ont évoqué les dangers de fraude conjugale : une pseudo-I.A.D. ne pourrait-elle pas dans certains cas cacher une insémination naturelle extraconjugale, donc un adultère ?

Mais les objections que je me propose de formuler à l'acceptation de l'I.A.D. s'appuieront essentiellement sur l'intrusion du donneur anonyme au sein du couple, et également sur les détournements inacceptables d'une telle pratique.

1 - *Les problèmes posés par l'intrusion d'une tierce personne dans le couple :*

a) *Le caractère spécifique du sperme humain et l'hérédité :*

Entre le don de sang et le don de sperme, il n'y a d'analogie que dans la forme. En fait, ce sont deux réalités dont la signification et surtout la raison ne sont absolument pas du même ordre.

Le don de sang peut sauver une vie menacée dans son intégrité physique par suite d'une maladie, d'un accident ou d'une intervention chirurgicale nécessitant une transfusion sanguine. Mais le sperme est d'un ordre tout à fait différent : il est porteur du patrimoine génétique et, comme tel, il est récapitulation d'une histoire, véhicule des caractères personnels, expression d'une généalogie.

Pour sauver une vie humaine, on peut donc donner le sang que l'on *a*. Mais l'infertilité masculine n'étant pas une maladie *stricto sensu* puisque la santé du père n'est pas en jeu, peut-on donner, voire monnayer, une partie de ce que l'on *est* ? Et avec Henri DOUCET, nous nous demanderons s'il est moralement admissible et digne d'un homme « qu'il ne se préoccupe pas de savoir ce que devient son sperme » et donc « des êtres qui, à son insu, mais avec son accord, seront conçus avec sa substance à lui[15] » ?

Le sperme est porteur des caractéristiques spécifiques de chaque être humain, et véhicule donc toute l'hérédité du donneur. Voilà le fond du problème.

La Bible affirme l'existence d'une hérédité globale : devenus pécheurs, l'homme et la femme ont transmis leur nature à leurs descendants, et donc au genre humain tout entier (Romains 5:18)[16]. De son côté, la science confirme l'existence des lois de l'hérédité biologique :

La génétique est la science qui étudie la *transmission biologique* de certains caractères, à travers les générations. Elle diffère donc de l'hérédité culturelle, qui est la transmission par l'exemple et l'éducation. Elle donne une explication scientifique à la notion de « terrain » qu'Hippocrate avait déjà pressentie il y a plus de deux mille ans.

Pendant des millénaires, on a tout ignoré des lois de l'hérédité. Il a fallu attendre la deuxième moitié du 19e siècle pour que celles-ci soient mises à jour, et le début de notre siècle pour qu'elles soient diffusées à l'ensemble de la communauté scientifique.

C'est après avoir croisé différentes variétés de pois qu'un obscur moine morave, Johann MENDEL, ignorant tout de la biologie moléculaire, du noyau et de ses chromosomes, énonce en 1865 les lois fondamentales de la génétique ; celles-ci restent parfaitement valables aujourd'hui et rendent compte de la transmission des caractères héréditaires, favorables ou non ; on les appelle « les lois de MENDEL ».

Ces lois sont explicables seulement si l'on admet l'existence de particules matérielles autonomes qui supporteraient les caractères héréditaires. Ces particules reçurent d'abord le nom de « déterminants » avant d'être appelées « gènes » ; elles sont présentes en double dose dans les cellules somatiques (qui de ce fait sont des cellules dites « diploïdes »), en simple dose dans les cellules sexuelles ou gamètes (dites « haploïdes »). Au moment de la fécondation, deux gamètes haploïdes de sexe différent fusionnent pour donner la première cellule d'un nouvel embryon, l'œuf, qui est diploïde. Cet œuf fécondé va se multiplier et donner des cellules-filles ; ces dernières sont les cellules fondamentales du nouvel embryon qui possède ses propres caractéristiques biologiques. Pour un caractère biologique donné, tout individu possède donc deux déterminants : l'un venant du père, l'autre de la mère.

Travaillant sur la petite mouche du vinaigre, la drosophile, un généticien américain du nom de Thomas Hunt MORGAN visualise les chromosomes au microscope, et démontre qu'ils représentent le support des gènes dont MENDEL avait prouvé l'existence. Cette découverte devait lui valoir le Prix Nobel en 1933. MORGAN et son équipe énoncèrent la théorie chromosomique de l'hérédité ; il existe un lien matériel qui unit les générations, qui unit les enfants à leurs parents. On sait aujourd'hui que ce lien est présent dans toutes les cellules de tous les organismes, et ceci, dès l'instant de la conception et durant toute l'existence.

C'est en mêlant des pneumocoques vivants d'une souche inoffensive à des pneumocoques morts d'une souche virulente, que GRIFFITH constate, en 1928, que les pneumocoques inoffensifs deviennent virulents et transmettent ce caractère à leurs descendants. Il imagine qu'il existe un produit capable de modifier un caractère biologique, et que cette substance est efficace même lorsque l'individu dont elle est tirée est mort. AVERY, MAC LEOD et MAC CARTY découvrent en 1944 que le responsable imaginé par GRIFFITH est une substance chimique, l'acide désoxyribonucléique (ou ADN), et que cet acide est le principal constituant du chromosome.

Cette molécule chimique, alors invisible, WATSON et CRICK l'imaginèrent en 1953 sous la forme d'un escalier en colimaçon. A l'heure actuelle, cette double hélice enroulée sur elle-même est bien visualisable en spectrographie et en microscopie électronique ; on connaît son fonctionnement grâce aux travaux dc JACOB et de MONOD.

Les parties latérales de la double hélice, faites d'un sucre et d'un phosphore, sont réunies par des « barreaux » faits de l'association de deux bases : l'adénine associée à la thymine ; la guanine associée à la cytosine. On sait maintenant que c'est l'ordre d'arrangement successif de ces barreaux sur les chaînes d'ADN qui constitue le code génétique, c'est-à-dire le message héréditaire propre à chacun de nous. L'unité de ce code s'appelle « le codon » ou « le triplé », car constitué par une suite de trois barreaux ; un codon mesure 7/1000 de millimètre et peut revêtir 64 formes différentes et ce, sur toute la longueur de la molécule d'ADN qui, dans chacune des cellules de l'organisme humain, mesure un mètre de long. Si l'ensemble de l'ADN contenu au sein d'un individu était mis bout à bout, il couvrirait trois à cinq fois la distance de la terre au soleil ! On conçoit donc que cette structure puisse rendre compte de l'originalité de chaque être vivant, que l'on soit petit pois ou haricot, escargot, tigre ou être humain ! Cette molécule d'ADN que nous possédons depuis l'instant de notre conception fait de chacun de nous, tout à la fois, un être unique et un maillon de la chaîne qui a commencé avec nos premiers parents. Ainsi, nous sommes tous faits des mêmes pierres, mais ces pierres sont disposées de façon originale et unique pour chacun de nous* !

De ce point de vue, il est évident que les parents ne sont pas les créateurs de leurs enfants ; en effet, ils se contentent de *transmettre* ce qu'eux-mêmes ont reçu gratuitement. Cette transmission met en valeur l'immense responsabilité de l'homme et de la femme unis par les liens du mariage. Car si je suis ce que je suis, ce n'est pas de la faute à mes parents ou grâce à eux ; ni, à plus forte raison, de ma faute ou grâce à moi. Par contre, si les parents ne sont pas les créateurs de leurs enfants, ils doivent en être les inventeurs au sens où l'on invente un trésor en le découvrant. On peut épanouir, on peut étouffer, on peut rendre heureux ou malheureux, on peut embellir ou ternir, on peut valoriser ou abîmer, on peut aider à la croissance, mais on ne peut donner un iota de ce que l'enfant n'a pas. Éduquer un enfant c'est peut-être, simplement, l'aider à devenir ce qu'il est réellement[17]...

Il est donc prouvé scientifiquement que chaque parent transmet l'ensemble de ses caractéristiques biologiques à ses enfants, la mère par ses ovules, le père par ses spermatozoïdes. Ainsi, l'enfant qui va naître d'une I.A.D. sera toujours dépendant de son père biologique par les caractéristiques héréditaires que ce dernier lui a transmises.

Ceci dit, qu'en est-il de l'hérédité psychologique ? Le docteur J.J. BINDSCHEDLER, dans un extrait d'article sur « hérédité, milieu et dynamique personnelle », tente de définir la place de

---

* NdA : Grâce aux techniques de génie génétique dont la naissance remonte à 1972, il est devenu possible d'isoler les gènes, ces infimes parcelles d'acides nucléiques qui s'agglomèrent par centaines de milliers sur chaque chromosome, et qui portent les caractéristiques faisant de chaque être vivant un être unique. En 1977, pas un seul gène humain n'était connu dans sa structure détaillée ; actuellement, un millième de ces gènes est connu.

l'hérédité chez l'homme en fonction de ce qu'il est. Car l'homme est à la fois :

— un être biologique constitué d'éléments innés et acquis ainsi que nous l'avons vu au début du paragraphe précédent ;

— un être psychologique possédant un monde intérieur ;

— un être spirituel doué de la conscience de soi, qui englobe le comportement purement biologique et psychologique et va au-delà.

L'hérédité est bien reconnue dans le domaine somatique et même psychologique. Jean DELAY parle d'une hérédité psychophysiologique : « Les principaux eugénistes, tels PEARSON ou HYMANS et WIERSMA, s'accordent d'une façon générale à conclure que les qualités psychologiques s'héritent exactement dans la même mesure que les qualités physiques, et l'école de Davenport a même cherché à établir que les caractères psychologiques se transmettaient à la descendance selon les lois de MENDEL[18]. »

Enfin, existe-t-il une hérédité spirituelle ? Conséquence de son opposition à Dieu, l'homme cherche ailleurs du secours, des conseils, la connaissance de l'avenir, la guérison, le bonheur, la protection, la richesse, etc. Il place sa confiance dans la créature ou la création, et adore son « propre fond ».

C'est ainsi que naissent les nombreuses sciences occultes, les superstitions, les « porte-bonheur », les signes de « chance », de « malheur » ou d'avertissements, dont le succès est actuellement inouï, car l'âme est vide des réalités spirituelles et elle a besoin de mystère. En outre, livré à l'insécurité et à l'insatisfaction, l'homme s'efforce par tous les moyens d'échapper au tourment de l'incertitude concernant le sort des disparus, à la menace de l'avenir, de son état de santé et de son existence même. C'est ainsi qu'on estime qu'il y a en France davantage de guérisseurs que de médecins, et que l'occultisme se développe de plus en plus dans notre Europe civilisée. Les journaux et les hebdomadaires satisfont à la superstition de toutes les classes sociales par leur rubrique astrologique. Et je remarque qu'actuellement l'une des premières questions que se posent deux personnes qui ne se connaissaient pas jusque-là est la suivante : « De quel signe êtes-vous ? »

L'action occulte se manifeste surtout par une suggestion inconsciente avec contrainte psychique et dépendance toujours plus grande ; elle réclame de la part du sujet une très grande passivité, un abandon à l'intuition et le renoncement de son intelligence. Le simple coup d'œil à l'horoscope du jour — auquel on dit ne pas croire — nous influence inconsciemment, qu'on le veuille ou non ! Et ainsi l'homme finit par croire au mensonge (1 Timothée 4:1-4).

La Bible considère l'ensemble des pratiques occultes comme une abomination (Deutéronome 18:9-12). Il faut savoir que c'est précisément à propos de l'idolâtrie que le premier commandement nous parle d'un châtiment sur la descendance (Exode 20:1-6). Faut-il envisager la possibilité d'une hérédité occulte transmise par le sperme ? Rien ne permet de le dire. On peut en effet imaginer l'action d'une puissance spirituelle ayant pouvoir sur l'individu. Toutefois, considérant le caractère spécifique du sperme qui est le vecteur de l'hérédité, la prudence s'impose et vient renforcer mon refus de légitimer l'I.A.D.

Mais une remarque est encore nécessaire : si par la superstition et l'occultisme, l'homme se place dans un rapport d'obligation à l'égard de puissances qui l'asservissent, il peut en être délivré s'il en fait une confession sincère devant Dieu (en s'entourant de l'aide de l'église) et s'il s'en sépare délibérément au nom de Jésus.

A ceux qui en doutent, je pose une seule question : la grâce est-elle suffisante ? J'espère qu'avec moi et sans hésitation, ils répondent OUI en s'appuyant sur cette parole de l'Écriture :

Vous savez que ce n'est point par des choses périssables — argent ou or — que vous avez été rachetés de la vaine manière de vivre héritée de vos pères, mais par le sang précieux de Jésus-Christ (1 Pierre 1:18-19).

b) *L'I.A.D. peut-elle être ressentie comme un adultère déguisé ?*

Certains — comme J.L. LEUBA — nous disent que, moyennant une « préparation psychologique » adéquate et une « volonté ferme » du couple demandeur, le critère de « la communion des personnes » joue dans l'I.A.D. comme dans l'insémination intraconjugale. En effet, la femme désireuse d'être mère s'engage « à ne jamais reprocher à son mari sa stérilité, ni à confisquer son enfant affectivement sous prétexte qu'il n'est pas celui de son mari » ; quant à l'époux, il s'engage « à ne jamais en vouloir à sa femme d'avoir procréé sans son assistance, et à ne pas être jaloux du père biologique inconnu de son enfant[19] ».

Et pourtant ! Même s'il est établi que pour certains couples stériles l'I.A.D. est vécue uniquement comme une thérapeutique de la stérilité, la question de savoir si cette technique n'est pas une forme d'adultère déguisé se pose parfois pour eux. En effet, le problème est le suivant : d'un côté ce n'est ni un adultère physique, ni même l'esprit de l'adultère (à savoir celui de l'infidélité de l'épouse avec un autre homme) ; c'est peut-être même la décision mûrement réfléchie du couple devant Dieu et devant la société. On ne saurait donc mettre en doute la fidélité de la femme envers mon mari, ou émettre une condamnation comme dans l'adultère vrai.

Mais d'un autre côté, je pense au témoignage de cette femme entendu récemment : « Quand on m'a inséminé cette semence qui n'était pas celle de mon mari, ça m'a fait un choc énorme. » Comment réagira-t-elle alors au moment où on lui annoncera qu'elle est enceinte, justement si elle est très attachée à son mari et peut-être à une éthique chrétienne ? Comment ne sera-t-elle pas hantée, consciemment ou inconsciemment, par l'homme inconnu et fascinant qui l'a accomplie dans sa féminité ? Même si le consentement de l'homme et de la femme est obtenu, même si la procédure vise uniquement la procréation et non l'union physique adultérine avec ses composantes sociales, psychologiques et émotionnelles, même si la semence provient d'un donneur qui restera inconnu, l'enfant qui naît dans ces conditions est biologiquement, comme dans l'adultère, l'enfant de la mère et d'un autre homme qui n'est pas l'époux de sa mère.

c) *La paire de pères :*

Aux yeux de Dieu, le père réel d'un enfant est celui qui l'a engendré. En effet, à maintes reprises dans l'Ancien Testament, l'enfant nous est présenté comme étant « le fruit des entrailles » de ses parents et notamment de son père.

La science le confirme puisqu'au moment de la fécondation, les gamètes mâle et femelle apportent chacun 50 % des caractéristiques du futur enfant. Le nouvel individu ainsi formé portera désormais sur toutes ses cellules des paires de chromosomes homologues faites toujours de deux éléments dont l'un vient du père, l'autre de la mère.

Or juridiquement parlant, un homme devient père en reconnaissant pour sien l'enfant né de son épouse, et en assumant cette responsabilité. Les latins, déjà, distinguaient la réalité biologique de la paternité *(genitor)* de sa réalité socioculturelle *(pater)* : cette différence apparaît dans l'adoption où l'enfant a pour père et mère celui et celle qui ont choisi ensemble d'être tels pour lui.

Ainsi les défenseurs de l'I.A.D. insistent-ils sur le fait que la paternité biologique est relative : d'après eux, le vrai père est celui qui, dans la vie du couple et de la famille, prépare et destine l'enfant à devenir autonome. Que le père géniteur soit celui-là est bien sûr éminemment souhaitable. Mais un mari stérile qui consent pleinement à l'I.A.D. de son épouse peut remplir ce rôle de protection, de dévouement et d'éducation. Il est même ennobli par cette paternité voulue qu'il assume en permettant à sa femme, par amour pour elle, de faire l'expérience d'une maternité complète. C'est ainsi que dans les CECOS, la demande d'I.A.D. est appréciée selon l'aptitude psychologique du couple demandeur à séparer les notions de paternité et de fécondité.

Quant au donneur, donc le père réel du futur enfant, on nous dit qu'il doit « avoir un bon équilibre psychologique pour qu'il ne se préoccupe pas de savoir ce que devient son sperme ».

Celui-ci peut être considéré comme le don que fait un couple ou un homme « avec amour pour favoriser l'épanouissement d'un couple et l'éclosion d'une vie nouvelle qu'il ne connaîtra pas. Un amour de renoncement, un service désintéressé d'autrui »[12].

Mais dans la pratique, cette description idéale de la psychologie du géniteur ne sert souvent que de passe-droit dans le problème éthique de l'I.A.D. Voici l'image beaucoup moins complaisante qu'en donne Anne SAINTIN dans un article du *Monde-Dimanche* :

« Les donneurs sont l'objet d'attitudes très ambivalentes : on leur reconnaît une certaine générosité — parfois mêlée de gratifications louches — mais, s'ils sont idéalisés dans des caractéristiques morphologiques et intellectuelles qu'on leur souhaite, leur personne est dédaignée. Doublant le père légal, le donneur type ne peut être un honnête quidam, mais plutôt, de préférence, un « étudiant » : jeune, fringant, peu inséré socialement, un peu turbulent mais si bon cœur, bien méritant aussi, et surtout intelligent. Micux : un étudiant en médecine, et la boucle médicamenteuse est bouclée autour de l'I.A.D. Son don, généreux mais inconséquent, passe par un acte de réputation douteuse, unanimement raillé et en tout cas peu adulte : une masturbation (pudiquement appelée « prélèvement » dans les banques de sperme).

Pour qu'elle ne pose pas de problème moraux, autant lui donner une allure un peu canularesque, et au besoin payer le donneur au lieu d'avoir à le remercier[12]. »

« Pour qu'elle ne pose pas de problèmes moraux... » C'est bien là que réside le nœud de la question. Je ne doute pas qu'une intention éthique anime ceux qui valorisent le recours à l'I.A.D. Mais je ne doute pas non plus que l'approche psychologisante ainsi que la scientificité dont sa pratique s'enveloppe, laissent pour compte les éléments spécifiques de l'appréciation morale. Quand j'ai lu la première fois la lettre de Jean-François citée plus haut, j'ai compris qu'il était absolument impossible d'assimiler l'I.A.D. à la « générosité » d'une simple transfusion sanguine.

Car le donneur anonyme ne peut pas comme ça, sur commande, se désintéresser de son don et décliner toute responsabilité vis-à-vis de l'enfant conçu à son insu, mais avec son accord, avec sa substance. Génétiquement parlant et aux yeux de Dieu, il s'agit quand même de son enfant !

Ensuite, pour le mari stérile, la semence étrangère inséminée à son épouse ne risque-t-elle pas d'être aussi une semence déstabilisatrice pour son mariage ? C'est cette importante question qu'il convient maintenant d'examiner plus en détails.

d) *Le lien conjugal fracturé :*

L'I.A.D. est *de facto* une ingérence d'un tiers dans un aspect essentiel de la vie conjugale : la fécondité. Il est évident que la nature et la signification même de l'engagement conjugal sont ici mises en cause. Comme souligné au chapitre quatre, ce rapport indissoluble existant entre le mari et sa femme implique que chacun prenne l'autre en charge dans sa totalité personnelle. Ainsi le recours à l'I.A.D. contredit cet aspect de l'engagement mutuel : l'épouse qui se donne à son mari ne l'accueille pas *avec* cette blessure de la stérilité qui le marque. Elle retient certes ce qu'il peut lui donner de plaisir, de tendresse, de sollicitude, de protection et d'intelligence. Mais c'est d'un autre que lui qu'elle attend la valorisation de la sexualité dans la maternité[12]. Il est donc utopique et irréaliste de prétendre qu'elle pourra porter pendant neuf mois un enfant en suivant la recommandation de ne pas en considérer l'origine. Selon Madame GUICHENEY, psychologue du CECOS de Rennes, se manifestent plutôt chez elle et avec ambivalence un ressentiment, un sentiment de frustration, mais aussi une culpabilisation et une attitude maternelle à l'égard de son mari.

Quant au mari, même s'il est consentant, même s'il a suivi une préparation psychologique, l'I.A.D. risque tôt ou tard de se présenter à sa conscience comme une opération humiliante, d'autant plus que beaucoup d'hommes confondent volontiers fécondité et virilité. Dans ces conditions, l'acceptation de la stérilité pour l'homme est très difficile, souvent vécue comme une blessure narcissique, une castration, une faute vis-à-vis du conjoint, de la famille, de la société, voire même une tare, ce qui la fait beaucoup plus cacher que la stérilité féminine. Comment va-t-il alors réagir devant la présence consciente ou inconsciente du second homme, le vrai, qui a conduit sa femme à la maternité ?

Dans *Le défi génétique*, J.M. MORETTI et O. de DINECHIN écrivent que la possibilité destructrice de l'I.A.D. pour le couple marié vient du fait qu'à tout moment une femme peut dire à son mari : « C'est le mien qui est vivant, et le tien qui n'a pu naître[20]... »

Et les statistiques des CECOS révèlent que nombre de couples, déjà, ont divorcé à la suite de la naissance d'un enfant par I.A.D. En 1976, à Nice, un mari divorcé souhaitait désavouer son enfant. Celui-ci était le résultat d'une I.A.D. subie par sa femme avec son accord formel. Malgré cet engagement, le tribunal de Nice lui a donné raison : il lui a suffi de prouver sa stérilité en produisant un spermogramme pour que le contrat symbolique qui le reliait à l'enfant soit rompu !

Alors, que signifie ce désir absolu d'« un enfant à tout prix » ? Surtout en face du désir contraire : « un enfant à aucun prix* » ? Bien sûr, les enfants sont nécessaires à l'équili-

---

* NdA : Sous le titre *Deux sur quatre*, le Quotidien *L'Alsace* du 15 février 1986 raconte l'histoire suivante. Elle illustre l'ambiguïté croissante des sentiments de certains de nos contemporains face à l'enfant :
« Des quadruplés sont nés dans le bassin minier de la Ruhr, de mère institutrice et de père psychologue. Aussitôt après l'accouchement, la mère n'a gardé qu'un garçon et une fille. Les deux autres ont été « remis » (gratuitement ?) à des parents adoptifs. « Il y a tant de couples qui ne peuvent avoir d'enfant, il faut bien penser à eux ! » ont déclaré les parents qui... n'ont annoncé à leurs proches que la naissance de jumeaux !
Évidemment la polémique bat son plein et, d'un bout à l'autre de l'Allemagne fédérale, on se demande si l'on a le droit de « déchirer des quadruplés »... Des couples qui ont eu des naissances multiples dénoncent — appuyés par des médecins et des psychologues — « la violence faite à des enfants déjà habitués à vivre ensemble dans le ventre maternel ».
C'est vrai que la science biologique avance de plus en plus les limites de la conscience embryonnaire, mais au-delà de la séparation « fraternelle », c'est celle voulue par les géniteurs qui pose problème. Pas d'anathème, mais le nombre ne saurait occulter la morale. Demain ce pourra être l'abandon de

bre du mariage, mais pas par n'importe quelle technique artificielle de procréation. Car dans le cas de l'I.A.D., le couple stérile est confronté à une *inégalité* des rôles dans la procréation. Dans ces conditions, la gestation et la maternité, loin de rééquilibrer le mariage, peuvent être génératrices d'un déséquilibre encore plus important, surtout lorsque l'enfant sera là, de père inconnu.

Aussi faut-il être très vigilant. La simplicité et l'innocuité apparentes de l'I.A.D. sont trompeuses. C'est la spécificité de la fonction parentale qui est ici en cause. C'est pourquoi, sans méconnaître le fait que le recours à l'I.V.G. a très sensiblement diminué le nombre d'enfants à adopter, l'adoption est préférable lorsque l'absence d'enfants est trop douloureusement ressentie. Cette solution me semble comporter deux grands avantages par rapport à l'I.A.D. :

— d'une part, elle scelle dans l'histoire du couple stérile un témoignage d'amour mutuel : elle l'accepte, lui, jusque dans son incapacité à la rendre mère ; il l'accepte, elle, dans son affectivité déçue de ne pouvoir attendre un enfant de lui. Ils se prennent donc en charge dans une souffrance *partagée* ;

— d'autre part, si ayant renoncé à l'I.A.D., le couple stérile envisage une adoption, l'époux et l'épouse se trouvent *à égalité* dans un projet commun : donner des parents à un enfant (ou à plusieurs) et vivre pour lui (ou pour eux) aussi. Par leur décision, l'enfant adopté devient vraiment *leur* enfant.

En outre, c'est une solution bibliquement défendable puisque l'Ancien Testament nous relate les histoires de Moïse (Exode 2:10) et d'Esther (Esther 2:7) qui furent des enfants étrangers adoptés. Quant au Nouveau Testament, il nous indique clairement que si nous sommes enfants de Dieu, l'adoption nous

---

l'enfant unique, le désintérêt et la négation érigés en règle. Et quand une société nie la place dévolue aux enfants, elle se meurt...
Curieusement, cette affaire survient dans le pays qui détient le taux de naissance le plus bas du monde, et qui vit avec un syndrome d'hostilité aux enfants... »

confère la position de *fils de Dieu* (Galates 4:5 et Éphésiens 1:5). Ce n'est que l'esprit d'adoption qui nous rend capables d'aimer Dieu comme des enfants qui aiment un tendre père (Romains 8:14-21) !

Enfin, il y a les cas extrêmes de couples stériles qui resteront sans enfant. S'ils sont chrétiens leur stérilité ne doit être considérée en aucun cas comme une malédiction. Au contraire, je les encourage à y voir une circonstance que Dieu se propose d'employer pour leur bien. En effet, combien de mariages ont été enrichis par l'absence d'enfants ! Combien de couples stériles qui ont ainsi appris à mettre au service de Dieu et de leur prochain leur plus grande disponibilité !

Bien sûr, la marque de la stérilité restera toujours pour eux une blessure. C'est une grande souffrance à laquelle j'estime néanmoins qu'on ne peut répondre par l'I.A.D. car l'ingérence d'une tierce personne dans la cellule conjugale est potentiellement trop lourde de conséquences et non conforme à l'intention divine.

2 - *Les détournements inacceptables de l'I.A.D. :*

Il s'agit du problème des mères porteuses (que nous évoquerons au chapitre suivant), de l'insémination des femmes célibataires et de l'eugénisme.

a) *L'I.A.D. d'une femme célibataire :*

Dans son ouvrage *Les Mères célibataires volontaires*, Dominique FRISCHER indique que le droit à la maternité célibataire ainsi que les demandes d'I.A.D. de convenance formulées par des femmes vivant seules sont l'« aboutissement logique des revendications féministes ». Pour Josyane SAVIGNEAU, ce désir d'avoir un « enfant pour elles toutes seules » est porté par une volonté d'un pouvoir absolu sur la procréation dont la liberté en matière de contraception et d'avortement a déjà, dans une large mesure, doté la femme moderne[12]. Enfin, H. DOUCET signale que « déjà, des lesbiennes ont manifesté devant le Parlement britannique pour que l'I.A.D. devienne facilement accessible à toute femme, sans aucune forme de ségrégation »[15]. De fait, une association française d'homosexuels a organisé des « cars d'insémination artificielle » pour les lesbiennes vers les Pays-Bas, plus laxistes...

C'est là une dénaturation essentielle de l'intention divine, car il est inadmissible de créer délibérément une situation où l'on refuse à l'enfant le droit fondamental d'avoir un père. En effet, comme Bruno BETTELHEIM ne cesse de le dire et de l'écrire, il est tout à fait certain que le développement psychologique et affectif de l'enfant se structure essentiellement en fonction de l'image et de la présence du père.

D'autre part, il est indéniable que les femmes célibataires qui veulent une I.A.D. présentent d'énormes problèmes psychologiques. Béatrice MARBEAU-CLEIRENS le démontre de façon remarquable dans son ouvrage *Les Mères célibataires et l'inconscient*. Voici ses conclusions :

« Ce désir d'omnipotence créative cache une fragilité profonde qui provient de traumatismes infantiles... Ces femmes se manifestent en tant que mères célibataires volontaires, non pour le profit de leur progéniture, mais pour l'expression de leurs problèmes personnels et de leur aggressivité profonde[21]. »

En aucun cas, nous ne saurions accepter que l'enfant ne devienne pour une femme non mariée qu'un *moyen* de satisfaire une affectivité problématique. Sans parler des risques énormes que court cet enfant de pâtir par la suite des circonstances de ses origines. Voilà de vrais problèmes qui n'ont rien à voir avec des tabous. Les réduire à cela serait sacrifier béatement à la logique de la technologie, dé-conscientiser les gens et encourager la déshumanisation. La tentation de l'eugénisme en constitue une autre preuve.

b) *L'I.A.D. et l'eugénisme :*

A soixante-quatorze ans, le milliardaire californien Robert K. GRAHAM, père de huit enfants, inventeur des verres de lunettes en plastique dur, a créé dans sa propriété d'Escudero la première banque de sperme réservée aux seuls prix Nobel. Le premier prix Nobel à y déposer son sperme fut William STOKELEY, 70 ans, inventeur du transistor.

Puis une autre super banque de sperme fut créée à San

Marcos en Californie. Les donneurs sont également des lauréats du Prix Nobel ou d'autres sommités scientifiques. Quant aux receveuses, elles sont aussi sélectionnées ! Ces jeunes femmes ont moins de 35 ans, une excellente santé physique, une intelligence supérieure et un mari stérile consentant pour une telle I.A.D. Elles peuvent choisir les caractéristiques physiques qu'elles désirent pour le père biologique de leur enfant. Le généticien Herrmann J. MULLER, l'un des inspirateurs de cette association, la considère comme étant « l'une des réalisations les plus significatives de ma vie », précisant qu'elle est même plus importante que les travaux qui lui ont valu le prix Nobel...

Le concept philosophique sous-jacent à une telle pratique est l'eugénisme, qui se propose de créer des surhommes grâce à la sélection de la race humaine. Son postulat de base stipule que les solutions biologiques sont les seules acceptables pour l'avenir de l'homme. A la limite, le mariage doit être désavoué dès lors qu'il devient un obstacle à la rencontre des gènes sélectionnés ! Admettre l'eugénisme, c'est ne plus faire de place dans les sociétés futures aux faibles et aux désavantagés, aux malades et aux handicapés mentaux. Dans tous les domaines, il s'agira de viser la perfection biologique. Or une telle perfection n'existe pas dans la nature, du fait de la chute. Dans l'hypothèse où l'on arriverait à produire en grande quantité des « bébés Nobel » — dont les médias ont déjà parlé et dont certains s'avéreraient être des individus supérieurement doués — pourraient-ils influencer le cours de l'humanité pour son bien ? On peut craindre que ce soit pour son mal, car le contexte général du monde ne saurait être ignoré.

L'idée de sélectionner la race humaine est tentante. Pourtant les leçons cuisantes de l'histoire récente devraient rester gravées à jamais dans nos mémoires. Pensons par exemple aux « Lebensborn », ces haras humains où Hitler, en sélectionnant ses géniteurs, voulait produire des armées de surhommes...

Nulle part, dans la Bible, n'apparaît l'idée que l'homme et la femme doivent être sélectionnés pour être autorisés à se marier et à procréer ! Au contraire ! Chaque être humain est important aux yeux de Dieu, tel qu'il est. Chaque homme est unique et spécifique, et possède une dignité sans prix pour la simple raison qu'il a été créé à l'image et à la ressemblance de Dieu. Nous sommes tous aimés par Dieu, que notre père terrestre soit un lauréat du Prix Nobel ou un ouvrier, un haut fonctionnaire ou un simple employé, un professeur d'université ou un humble artisan. N'oublions donc jamais que l'enfant doit tout simplement être et rester le fruit de l'amour de l'homme et de la femme unis par les liens du mariage.

Chapitre 6

FÉCONDATION IN VITRO ET INSÉMINATION ARTIFICIELLE : LA FIN JUSTIFIE-T-ELLE LES MOYENS ?

Cher Docteur,

Nous vous remercions pour votre lettre aussi gentille qu'inattendue ! C'est bien volontiers que nous vous donnons l'autorisation de reproduire notre témoignage dans votre nouveau livre, *Le JE de la Vie...*

Voici donc un résumé succint de notre histoire, rédigé alternativement par René et par moi-même (...).

Isabelle : Nous nous sommes mariés en 1976 avec le secret espoir d'avoir au moins quatre enfants. Nous n'avons pris aucun moyen de contraception, espérant qu'un premier bébé viendrait rapidement enrichir notre foyer. Hélas, après deux ans d'attente, toujours rien ! Nous avons donc consulté l'un de vos confrères qui, pour « débrouiller » la situation, a demandé à voir quelques-unes de mes courbes de température ; puis il a prescrit un spermogramme à mon mari.

René : Pendant trois mois, j'ai refusé de pratiquer cet examen avec la pensée que si quelque chose ne fonctionnait pas normalement, ce ne pouvait être que chez ma femme ! Et puis, comme les premiers éléments de son bilan semblaient normaux, j'ai finalement accepté... mais vraiment de mauvaise grâce !

Une semaine plus tard, nous étions fixés : mon sperme était très hypofécondant, et nous n'avions pratiquement aucune chance de devenir un jour parents. Quel choc pour ma fierté masculine ! J'ai alors été adressé à un spécialiste lyonnais qui a tenté de remonter notre moral en déclarant que de toute façon, il y aurait une solution pour nous.

Isabelle : D'après ce spécialiste, il fallait tenter une I.A.D.

Nous lui avons répondu que notre éthique chrétienne nous l'interdisait totalement ; plutôt des enfants adoptés qu'un enfant conçu avec le sperme d'un autre homme que mon mari !

Il nous a répondu que dans ces conditions-là, on pourrait tenter une insémination intra-conjugale avec du sperme de mon mari concentré et enrichi : « Mais ne vous faites pas d'illusions, dans votre cas les chances de succès sont minimes », a-t-il conclu.

René : Et les séances d'insémination artificielle commencèrent. Une toutes les mois. Donner mon sperme de cette façon à mon épouse était vraiment quelque chose d'humiliant pour moi... Était-ce réellement le prix à payer pour devenir parents ? J'espère qu'on ne sera pas obligés de recommencer ça pendant des années...

Isabelle : Au bout de six mois, d'un commun accord avec notre médecin, nous décidâmes de mettre un terme à ces séances d'insémination artificielle. Le problème de notre stérilité semblait devenir irrémédiable pour nous.

Nous consultâmes un autre spécialiste quelques années plus tard après qu'un nouveau traitement médical très astreignant pour mon mari n'ait donné aucun résultat. Nous nous entretînmes longuement de notre dernière chance : la fécondation *in vitro* dont tout le monde parlait à cette époque : « Mais je tiens à vous prévenir qu'avec du sperme hypofécondant, nous avons très peu de chances de réussir une FIVETE. A part peut-être une équipe anglaise, personne au monde n'a vraiment obtenu de résultats significatifs dans ces cas-là... »

René : Pendant des semaines, nous n'avons plus parlé que de F.I.V. ! Nous nous sommes abondamment documentés sur la question, et en avons souvent discuté avec des amis à l'église. Et puis, nous avons beaucoup prié à ce sujet. Si c'était réellement notre dernière chance, ne fallait-il pas la tenter ?

Isabelle : Un matin, alors que je priais, une pensée s'est imposée soudain à mon esprit : « Et si le Seigneur avait un autre projet pour nous, quelque chose de bien spécifique ? » J'ai longuement réfléchi à cette nouvelle façon d'aborder le problème, et j'ai dû admettre qu'au fond, jusqu'à présent, je n'étais pas prête à accepter la stérilité. Je me suis placée devant le Seigneur et j'ai simplement accepté sa volonté pour moi, quelle qu'elle soit. Une grande paix est alors venue dans mon cœur, et j'ai su qu'en agissant ainsi je vivrais une expérience beaucoup plus importante et beaucoup plus belle encore.

René : Quand Isabelle m'a fait part de sa décision de renoncer à une F.I.V., je n'en croyais pas mes oreilles ! D'un côté, j'étais soulagé, parce que toute cette technologie heurtait ma sensibilité profonde et me paraissait contraire au projet de Dieu pour nous. Mais d'un autre côté, je me faisais du souci pour Isabelle qui aime tant les enfants...

Isabelle : Quelques semaines plus tard, et par un concours de circonstances tout à fait inouï, nous avons été mis en contact avec un organisme international qui nous a parlé de deux jumelles cambodgiennes à adopter d'urgence... La suite, vous la connaissez, puisque vous avez vu nos deux enfants adoptés lors de votre récent passage chez nous. Quelle joie immense d'avoir pu donner une famille à ces deux orphelines qui nous sont arrivées dans un état si misérable ! Le fait de savoir que grâce à l'adoption nous leur avons sauvé la vie rend notre bonheur peut-être encore plus grand que s'il s'était agi de nos propres enfants !

René : Une chose, en tout cas, est certaine : nous avons réellement compris ce que signifie le fait d'avoir été aimés par Dieu au point qu'il a fait de nous des fils. Et comment ? En nous adoptant !

*
* *

Qu'un être humain ait été conçu en dehors de l'organisme humain, qu'il y ait été replacé et s'y soit ensuite normalement développé jusqu'à sa naissance, est une révolution qui marque assurément une étape cruciale dans les recherches qui touchent aux origines de la vie. C'est la raison pour laquelle les appréciations des uns et des autres sur la technique de la F.I.V. sont aussi diverses que partagées. Dans les milieux chrétiens, pour ne parler que d'eux, certains considèrent que la fécondation artificielle qui se déroule au grand jour, dans la verrerie du biologiste, est déshumanisante car elle est contraire à l'intimité du cadre conjugal et à l'ordre naturel de la création.

Et puis il y a ceux qui affirment que la technique de la FIVETE est supérieurement humanisante, puisque l'obstacle à la procréation — et donc à l'un des quatre buts du mariage selon Dieu — a été vaincu. Ils estiment que, puisque nous sommes les partenaires de Dieu pour dominer la nature, nous avons la liberté de forcer la procréation, si tant est que la technologie actuelle nous en donne les moyens.

Nous respectons profondément l'une et l'autre de ces opinions ; nous remarquerons néanmoins que sur ce sujet nous avons trop tendance à réagir surtout en fonction de notre équation personnelle : c'est ainsi que le couple stérile peut ne voir dans la FIVETE que sa dernière chance d'avoir un enfant, alors que l'éthicien risque de ne considérer que les dangers résultant des différentes formes d'expérimentation rattachées à cette technique. C'est ainsi qu'apparaît la différence entre l'éthique de conviction et l'éthique de situation.

Une réflexion approfondie doit donc être engagée sans délai car la logique de la recherche est telle que chaque palier technique atteint semble suggérer *et justifier* qu'on franchisse l'étape suivante. Voilà pourquoi je propose d'évaluer d'abord le premier palier, la FIVETE, en tant que réalité concrète reconnue par tous. Nous examinerons ensuite le palier suivant, à savoir les perspectives ouvertes par la F.I.V. en tant que technique expérimentale.

ÉVALUATION DE LA FIVETE

A l'origine, la technique de la F.I.V. a été présentée au grand public comme un nouveau moyen de lutte contre la stérilité. D'emblée, qu'il soit bien précisé qu'une FIVETE n'est pas *LE* traitement de fond de la stérilité tubaire, puisqu'elle ne guérit pas la cause organique de celle-ci, à savoir l'obstruction des trompes. Il s'agit plutôt d'une solution ponctuelle que la technologie médicale permet d'apporter à un problème humain.

En effet, les couples candidats pour une FIVETE viennent à la consultation comme à un ultime recours. Comme Isabelle et René, ils ont parcouru le long et douloureux chemin des traitements de la stérilité : huit ans de lutte pour les parents d'Amandine, notre premier « bébé-éprouvette » français ; tentative du dernier espoir pour les parents de Louise BROWN, le premier bébé-éprouvette du monde. Ainsi, là où elle réussit, cette méthode artificielle de fécondation comble de bonheur des femmes, des couples, jusque-là condamnés à l'infécondité. Mais dans le même temps, elle pose aussi de graves problèmes qu'on ne saurait passer sous silence...

1 - *La FIVETE, pour qui ?*

La réussite de la FIVETE pour l'un ou l'autre couple stérile pose immédiatement la question de son application à grande échelle. En effet, il est impossible d'envisager que la totalité des couples dont la femme est atteinte de stérilité tubaire, bénéficie de cette technique. Car les moyens mis en œuvre à chaque tentative (technologie très sophistiquée, disponibilité des médecins, des biologistes et du personnel hospitalier, etc.) sont considérables. Appliqués à l'échelle d'une nation comme la nôtre, leur coût serait exorbitant. Une sélection des destinataires est donc pratiquée, comme en témoignent les listes d'attente qui ne cessent de s'allonger.

2 - *Les rires et les pleurs :*

Ensuite, il convient de garder la tête froide et de faire la part des avantages et des inconvénients de la méthode.

Comme je l'ai déjà signalé, les différentes équipes mondiales annoncent un taux de succès de la FIVETE avoisinant les 20 %. En effet, la grande majorité des femmes bénéficiant de cette technique ne deviennent pas enceintes. Elles avortent spontanément avant la quatorzième semaine de grossesse (le taux de fausses-couches après FIVETE est actuellement de l'ordre de 35 % en France) ou font une grossesse extra-utérine.

Dans ces conditions, il a été décidé de replacer trois ou quatre embryons par tentative, voire davantage, ce qui permet d'annoncer des taux de succès de 30 à 35 %. Le Professeur D. Gareth JONES observe que ce taux est comparable à celui de la fécondation naturelle. D'après lui, en effet, en cas de fécondation normale, sur 100 œufs humains 84 sont effectivement fécondés, 69 s'implantent dans l'utérus, 42 sont encore en vie une semaine après la nidation, 37 après six semaines de gestation et 31 à la naissance[22].

Mais le docteur Jean-Jacques PITTELOUD, président de l'Association Suisse des Médecins pour le respect de la vie, fait bien observer que ce taux de succès de 30 à 35 % de la FIVETE n'est possible qu'en transférant *plusieurs* embryons. L'analyse critique des résultats publiés démontre que, par rapport au *nombre d'embryons* transférés, le taux d'échec est de l'ordre de 90 %, ce qui est inacceptable[23].

Force est de reconnaître que dans leurs compte-rendus optimistes, les médias n'évoquent que très rarement ces nombreux échecs de la FIVETE. Or il y a actuellement de plus en plus de femmes ayant subi entre trois et six essais infructueux de F.I.V. ont arrêté leur travail pour rester au lit pendant les premiers jours qui ont suivi l'intervention. Et chacun réagit différemment à cette situation :

— Pour certains couples, la FIVETE est considérée comme une technique médicale, et jugée par rapport à sa possibilité de venir peut-être en aide à un couple stérile. Dans cette optique, le taux d'échec est relativisé et accepté.

— Mais pour d'autres, c'est le dernier espoir de connaître les joies de la maternité qui s'écroule. C'est pour eux le désappointement, la frustration, sans parler de ceux pour qui le choc émotionnel s'avère intolérable...

3 - *Le devenir des embryons non utilisés :*

L'hyperstimulation des ovaires avant une tentative de F.I.V. provoque une superovulation. Celle-ci est maintenant admise par toutes les équipes pour garantir le recueil d'un nombre accru d'ovocytes, car elle conditionne l'obtention d'embryons aptes au transfert. Or le nombre des embryons implantables est d'autant plus limité que l'avortement sélectif par aspiration des embryons surnuméraires implantés n'est pas souhaité par la majorité des couples utilisant la FIVETE... Que faut-il donc faire des embryons surnuméraires non implantés ?

— Les uns servent à des fins « d'observation », d'étude et de recherche. Au terme d'une longue controverse engageant les docteurs STEPTOE et EDWARDS, pionniers anglais des travaux sur les bébés-éprouvettes, cette disposition a été autorisée par la British Médical Association, l'Ordre des Médecins britannique. Un rapport, publié le 13 mai 1983, limite à 14 jours au plus la période durant laquelle on pourra laisser se développer des embryons au laboratoire. Toute manipulation génétique est exclue, mais il est admis que les embryons fassent l'objet de recherches concernant les maladies chromosomiques et notamment le mongolisme.

— Les autres sont délibérément détruits, ce qui crée une situation tout à fait différente de celle prévalant dans l'avortement volontaire. Car dans la F.I.V., les embryons rejetés ont été voulus, du moins pour un temps. Ils sont donc délibérément créés, utilisés pour un moment, puis délibérément détruits !

En France, la loi de 1976 qui autorise le prélèvement d'organe (rein, cœur, etc.) pour une finalité thérapeutique, isole la notion d'organe de celle de déchet. D'après le docteur Sylvie EPELBOIN, l'embryon humain cultivé en laboratoire, quand il est surnuméraire, se rapprocherait plus dans sa définition du terme de *déchet*[24] !

Là se pose le problème du statut juridique des embryons humains quand ils sont encore dans l'éprouvette. Le vide juridique est à cet égard total. Aussi discute-t-on pour savoir à qui ils appartiennent avant leur implantation dans l'utérus maternel : aux parents qui ont fourni les gamètes mais qui n'en disposent plus ? Aux biologistes qui, en contrôlant leur survie, vont arbitrairement sélectionner ceux qui sont destinés à être réimplantés, ceux qui seront « mis en observation » et ceux qu'on détruira ?

Pauvre embryon surnuméraire : tu as accédé à une brève période d'existence pendant laquelle tu n'avais aucun statut ! Sache que ta destruction a été bien difficile à accepter par tes parents quand ils ont réalisé que le transfert de tes frères et sœurs n'a pas abouti à une grossesse ! Pour eux, au moins, tu n'étais pas qu'un vulgaire déchet...

4 - *L'acharnement parental :*

Autre problème : les motivations d'un désir d'enfant aussi tenace procèdent-elles toujours d'un authentique amour ? Qu'en est-il de cet « acharnement parental », de ce désir forcené chez certains de parvenir, d'une manière ou d'une autre à la procréation ? La consécration de la performance technique ne risque-t-elle pas d'entraîner la revendication de l'enfant comme d'un objet ou d'un bien matériel que l'on veut acquérir et posséder à tout prix ?

Pour Paul RAMSEY, l'éthicien américain bien connu, le traitement de la stérilité ne doit être envisagé que chirurgicalement et jamais par F.I.V. Il considère en effet que la F.I.V. n'est pas une procédure médicale, car elle ne sert pas à guérir une maladie mais seulement à obtenir quelque chose que l'on désire[25].

L'opinion du Père VERSPIEREN est plus nuancée et moins rigide : « Pour l'homme et la femme qui découvrent, après plusieurs années de *véritable vie conjugale*, l'existence d'une forme de stérilité tubaire telle qu'ils ne peuvent espérer avoir un enfant qu'en faisant se rencontrer « in vitro » leurs cellules génitales, la fécondation externe peut n'être que le prolongement de leur vie sexuelle, le moyen de concrétiser le vœu même de leur amour[26]. »

C'est certainement dans ce sens qu'il faut entendre la déclaration faite par le cardinal LUCIANI, le futur Jean-Paul Ier, à l'occasion de la naissance de Louise BROWN : « Je n'ai aucun droit de condamner les parents. Je leur présente tous mes vœux. S'ils ont agi de bonne foi et avec des intentions pures, ils peuvent même avoir un grand mérite devant Dieu pour avoir demandé aux médecins d'intervenir[27]. »

5 - *En conclusion :*

En fait, il est clair que les problèmes éthiques soulevés par la FIVETE en tant que technique de lutte contre la stérilité proviennent essentiellement de la conversion d'un processus intime et personnel en un geste technique impersonnel. Car le problème, c'est que la grossessse « s'extériorise » de plus en plus. Il y a d'abord eu l'échographie obstétricale — un progrès évident — qui « sort » les représentations de l'enfant à naître du ventre de sa mère, par le biais d'un écran. Maintenant, la procréation artificielle requiert une masturbation par laquelle la semence de l'homme est recueillie à l'extérieur ; ensuite, les ovocytes ponctionnés sont sortis du ventre maternel, de sorte que la fécondation est externe. Tout, avant la réimplantation, est « en dehors ». L'œuf extrait du corps recherche son identité (puisqu'il n'a pas de statut juridique), et les géniteurs leur fonction parentale...

D'après le docteur Léon KASS, biochimiste à l'université de Chicago, la production des êtres humains au laboratoire n'est plus une procréation humaine, car fabriquer des bébés dans une éprouvette, c'est aliéner la fonction parentale : « La procréation humaine consiste à engendrer. C'est une activité spécifiquement humaine en ce qu'elle nous engage physiquement, émotionnellement, spirituellement et même rationnellement. »

C'est dans l'unité de cet acte humain que doivent être posées les conditions biologiques de la procréation. Aussi condamne-t-il la dissociation sexualité-procréation qui enlève la plénitude de l'expression de l'union conjugale[28].

Il est certain que le transfert de la *totalité* du processus de la procréation au laboratoire est contraire à l'intention divine. Voici en effet comment le texte latin rend la déclaration de l'ange à Marie en Luc 1:31 :

« Concipies IN UTERO et paries »

(Tu concevras DANS TON SEIN et tu enfanteras).

Reconnaissons donc que les enfants FIVETE sont indiscutablement les produits de l'amour matrimonial. Ils ont effectivement été attendus et ardemment désirés. Ils ont incontestablement été une extraordinaire source d'enrichissement pour le mariage de leurs parents.

Mais le danger, c'est la *banalisation* de la FIVETE. Aujourd'hui, le risque paraît faible car il s'agit encore d'une méthode astreignante et onéreuse. Mais qu'en sera-t-il dès lors qu'elle ne sera plus un moyen exceptionnel de remédier à des cas de stérilité tubaire ? N'est-ce pas la signification de l'amour conjugal avec la diversité de ses connotations et de ses caractéristiques humaines qui risquera de changer profondément ? En effet, si la F.I.V. n'est plus qu'une routine, comment ne pas redouter alors la folie des hommes qui s'autoriseront tous les excès ? Comment ne pas craindre ce *jeu* de la vie, où la réussite technique et la notoriété priment sur le véritable service rendu à l'humanité ? Où ce que *je* suis capable de réaliser devient la priorité ? Rejoignant l'avis du docteur Wilder SMITH, comment ne pas envisager le fait que ce désir de puissance — consistant à toucher aux racines les plus fondamentales ainsi qu'à l'origine de l'être — soit utilisé à des fins mauvaises, avec des conséquences dévastatrices pour l'humanité[29] ?

A preuve, les perspectives ouvertes par la F.I.V.

ÉVALUATION DES PERSPECTIVES OUVERTES PAR LA F.I.V.

Comme déjà signalé au chapitre trois, la technique de la F.I.V. requiert l'expérimentation sur les embryons, et le sacrifice inéluctable de nombre d'entre eux. Cette nécessité est inacceptable *sur le plan médical*, car un médecin n'a jamais le droit de sacrifier un être humain, même au début de sa vie, aux intérêts de la société ou de la recherche scientifique. Or indiscutablement, la technique de la F.I.V. lève le doute sur le statut humain de l'œuf fécondé. Elle apporte la preuve — si tant est qu'elle devait encore être produite — que la vie autonome et le développement de la personnalité commencent dès la fécondation et sont programmés dès le premier instant. La naissance d'Amandine eût-elle été possible si, lors de la fécondation dans l'éprouvette, l'être minuscule ainsi formé n'avait pas contenu son propre message, travaillant à le réaliser, se construisant déjà lui-même avant d'être implanté dans l'utérus et de s'y développer ? Ce qui a fait dire au Professeur Jérôme LEJEUNE devant la Commission juridique du Sénat américain, que « la nature humaine de l'être humain, depuis la conception jusqu'à la vieillesse, n'est pas une hypothèse métaphysique, mais bien une évidence expérimentale[12] ».

Ainsi rien ne justifie les recherches dans lesquelles l'embryon humain est traité en animal de laboratoire, dégradé en objet ou instrument d'expérience, assimilé à une culture biologique entretenue ou détruite en fonction d'intérêts utilitaires. Ici s'applique la règle selon laquelle la fin ne justifie pas les moyens. Car dans l'application d'une technique qui entraîne d'inévitables déchets, il y a atteinte au respect dû à la vie humaine.

La nécessité de pratiquer des expérimentations est également inacceptable *sur le plan éthique*, car les embryons sont incapables de donner leur consentement à cette procédure. De plus, Paul RAMSEY observe que pour l'enfant en devenir, ces expérimentations sont toutes menées dans un but *non théra-*

peutique pour lui. Même pour ceux qui ne sont pas sacrifiés, on ne peut exclure complètement la possibilité que survienne une mutilation grave, car les erreurs de manipulation sont inévitables. Ainsi, dit-il, dès qu'un enfant est conçu artificiellement, il est exposé à des risques d'ordre humain. Il est entièrement dépendant des décisions et des manipulations du biologiste, sans n'être aucunement volontaire pour courir ces risques[25].

Enfin, cette nécessité est inacceptable *sur le plan juridique*. Dans une conférence donnée le 29 novembre 1984 lors de l'Assemblée générale de l'Association vaudoise de parents chrétiens, le docteur Jean-Jacques PITTELOUD pose la question des droits de l'embryon :

« Porter un jugement éthique sur une procédure scientifique exige une analyse rigoureuse et objective portant notamment :

— sur la nature, les droits et les devoirs respectifs des sujets éthiques mis en cause,

— sur la nature, le but et les circonstances de la procédure utilisée,

— sur ses conséquences immédiates et lointaines sur les plans médical, juridique et moral.

Par ailleurs, il faut poser clairement un certain nombre de prémices qui constituent le fondement du jugement éthique porté sur cette procédure :

— Dans l'état actuel de nos connaissances scientifiques, nous savons de façon certaine que la vie commence à la conception... De la conception à la mort, le développement se poursuit de façon continue. La nature de l'embryon est la même, quelles qu'aient été les circonstances de sa conception, que ce soit *in vitro* ou *in vivo*.

— En vertu de sa nature spirituelle, ce nouvel être humain jouit de droits fondamentaux antérieurs et supérieurs à ceux de la société : le droit à la vie, sans lequel la jouissance de tout autre droit devient impossible, le droit à l'intégrité corporelle et psychique, le droit au respect de son patrimoine génétique.

— De sa conception à l'âge adulte, l'être humain se trouve dans un état de dépendance qui lui donne droit, à un titre particulier, à l'éducation, à la protection et à l'affection. Le mariage est l'institution naturelle à laquelle est confiée la mission de transmettre la vie. Il est capital pour l'enfant de pouvoir bénéficier de l'apport conjoint de son père et de sa mère : son équilibre affectif et spirituel en dépend. Cet état de dépendance particulière lui donne le droit de naître et de grandir dans une véritable famille.

— L'embryon est un être humain qui doit jouir, de la part des médecins, des mêmes droits que tout autre patient confié à leurs soins. Ils doivent, en toute circonstance, sauvegarder sa vie et sa santé, quel que soit son stade de développement...

En résumé, dès sa conception, *chaque* embryon a le droit d'être traité comme n'importe quel autre être humain. Tout doit être fait pour sauvegarder sa vie, son intégrité physique, son développement psychique et sa vocation spirituelle[23]. »

Or les perspectives ouvertes par la F.I.V., à savoir les dons d'ovules, la congélation des embryons, les banques d'embryons et l'eugénisme ne satisfont pas à ces exigences, bien au contraire. Ce faisant, elles ouvrent la voie à la déshumanisation. Et puis nous nous interrogerons sur le problème des mères porteuses qui, en fait, est une application de la F.I.V. ou de l'I.A.D.

1 - *Les dons d'ovule :*

Comme je l'ai signalé au chapitre trois, le don d'ovocyte peut concerner des femmes stériles ayant des ovaires inaccessibles, déficients, qui ne produisent pas (ménopause précoce...) ou qui produisent des ovules de mauvaise qualité ; éventuellement aussi des femmes ayant subi une castration chirurgicale ou une radiothérapie.

A la différence du sperme ou encore de l'embryon, l'ovule

ne peut être congelé*. Ainsi, le don ne peut se faire qu'avec des ovules frais, ce qui implique que la receveuse ait un cycle ovarien entièrement concordant avec celui de la donneuse. Cette synchronisation hormonale entre donneuse et receveuse est difficile à obtenir ; ainsi les dons d'ovule seront impossibles sur le plan technique dans notre pays tant qu'une étroite collaboration ne sera pas mise en place entre les centres d'une même région.

Selon l'équipe de FIVETE de l'hôpital Antoine-Béclère de Clamart, les donneuses d'ovocytes se présentent en quatre groupes :

— la donneuse relationnelle : une amie, une sœur ;

— la donneuse passionnelle : prête à tout pour donner ses ovocytes à une femme qu'elle ne connaît pas ;

— la donneuse occasionnelle : lors d'une hystérectomie ou d'une coelioscopie, une femme fait ce don ;

— la donneuse additionnelle : c'est une femme qui donnerait certains de ses ovules, les autres ayant été prélevés en vue d'une FIVETE ; ici peut se poser le cas d'échec de la FIVETE chez la donneuse, mais de succès chez la receveuse[30]... !

La receveuse est la femme « stérile » elle-même, dont l'utérus est intact et qui va porter un embryon issu de la fécondation d'un ovocyte de la donneuse avec le sperme de son mari.

Dans son principe moral, le don d'ovule est analogue au don de sperme anonyme conduisant à une I.A.D., puisque l'ovocyte pour moitié et le spermatozoïde fécondant pour l'autre moitié déterminent les caractères génétiques spécifiques du futur

---

* Note de l'auteur : Lorsqu'on congèle un ovule mûr et qu'on le dégèle, la féconcation ne peut pas se produire. L'ovule est extrêmement sensible et instable au froid. Pourtant, il suffit qu'il ait été fécondé deux heures auparavant pour que, inexplicablement, il soit résistant à la congélation. D'après le Professeur Jérôme LEJEUNE, cette épreuve expérimentale est une autre démonstration du changement d'état qui se produit quasi instantanément à la fécondation. Avant la fécondation, un œuf ne peut pas être conservé. Après la fécondation, il a acquis une vitalité nouvelle tellement grande qu'il supporte la congélation.

enfant. Dans l'I.A.D. et dans le don d'ovules, l'enfant du couple stérile sera donc le sien « à 50 %». Je ne saurais légitimer un tel don en raison du détournement de filiation qu'il crée, puisqu'il permet l'intrusion d'un tiers dans le cadre conjugal. Cette ingérence pose les mêmes problèmes que le don de sperme, et en particulier celui du caractère spécifique de l'ovule, véhicule de l'hérédité de la donneuse.

2 - *Les embryons congelés et les banques d'embryons :*

Les Australiens d'abord, puis les Néerlandais et les Anglais, ont obtenu des naissances à partir d'embryons congelés. La mise au point de techniques de congélation appliquées à l'œuf humain est la conséquence logique des développements de la F.I.V. En effet, l'intérêt médical de cette technique est de replacer — ré-implanter — des embryons surnuméraires au cours des cycles ultérieurs d'une femme dont la ou les première(s) tentative(s) de F.I.V. ont échoué.

A Cambridge, en 1974, le docteur WITTINGHAM a réussi une grande première en faisant revivre des embryons de souris préalablement cryogénisés (ou congelés) dans l'azote liquide. Depuis lors, l'expérience a été étendue successivement aux embryons de rats, de lapins, de veaux, de brebis et de chèvres. L'embryon est congelé à un stade de développement précoce avant qu'aucune différenciation des cellules qui le composent ne soit encore intervenue. La congélation consiste à abaisser progressivement la température de l'œuf jusqu'à celle de l'azote liquide, à -196 °C. Pour éviter que ne se forment des cristaux de glace intra-cellulaires, qui blesseraient les membranes, le refroidissement s'effectue en présence de substances protectrices. Une fois plongé dans l'azote liquide, à l'intérieur d'un petit tube ou d'une paillette plastique, *le développement de l'œuf est bloqué.* Il peut ainsi être conservé sans subir aucune modification pendant plusieurs années, peut-être davantage. La décongélation consistera à ramener l'œuf à + 37 °C, et à le rincer de la substance qui a assuré sa protection.

En 1984, l'équipe des docteurs TROUNSON et WOOD, à

Melbourne, en Australie, obtint la première naissance d'un embryon humain congelé. Sa mère était atteinte d'une malformation congénitale des trompes, mais ses ovaires fonctionnaient normalement. En 1983, dix ovules obtenus chez elle après hyperstimulation de ses ovaires, subissaient une F.I.V. Une première tentative de réimplantation, utilisant trois embryons, devait échouer. Quelques semaines plus tard, les médecins australiens procédaient à une nouvelle réimplantation, en utilisant trois des autres embryons issus de la F.I.V. et qu'ils avaient conservés par congélation. L'un de ces trois œufs devait entreprendre un développement normal, et c'est ainsi que naquit Zoé, le premier bébé FIVETE congelé puis décongelé...

L'avantage de cette technique, estimèrent d'abord les spécialistes, est d'augmenter le taux de réussite de la FIVETE, tout en ne soumettant la femme stérile qu'à une seule ponction de ses ovules. Mais les premiers résultats, communiqués au récent Congrès de Melbourne et publiés dans le « Panorama du Médecin » du 19 décembre 1985, tempérèrent quelque peu cet optimisme :

— Les Australiens ont obtenu 20 grossesses sur 142 replacements d'embryons congelés, dont 15 seulement ont été évolutives. Leur taux de succès de 14 % est donc inférieur à celui obtenu avec des embryons frais.

— En France, Jacques TESTART à l'hôpital Antoine-Béclère de Clamart, a obtenu 9 grossesses sur 28 replacements, dont 6 sont évolutives. Le taux de succès (32 %) est actuellement le meilleur observé. Les premiers enfants nés grâce à cette technique, qui s'inspire de celle du vétérinaire Jean-Paul RENARD, spécialiste français de la congélation des embryons de bovins, devraient voir le jour au moment où le présent ouvrage sortira de presse.

— Si les équipes françaises et australiennes ont opté pour une congélation très précoce, l'équipe du docteur EDWARDS, en Grande-Bretagne, congèle les embryons humains à un stade tardif. Ses résultats : 2 grossesses obtenues pour 12 replacements d'embryons congelés...

Il est clair qu'en dehors de toute bataille de chiffres, la congélation d'embryons humains engendre de graves problèmes qu'on ne saurait passer sous silence.

D'abord *d'un point de vue juridique*, se pose la question des droits éventuels de ces embryons congelés. En effet, certains ont émis l'idée que ces « embryons-venus-du-froid » n'ont pas à obtenir de protection particulière, et que la société n'a que peu d'obligations à leur égard. Jusqu'à ce qu'en 1983, Elsa RIOS — Chilienne de 40 ans et donneuse d'ovules — et son mari Mario, 57 ans et donneur de sperme, meurent dans un accident d'avion. Avec cette disparition, deux embryons « Rios » obtenus en 1981 après F.I.V. et congelés devenaient orphelins...

Problèmes : quelqu'un, et qui, peut-il leur donner une chance de devenir fœtus, puis bébés ayant droit à l'héritage parental ? Quelqu'un, et qui, peut-il au contraire décider de les supprimer ? Réponse : une nouvelle législation adoptée fin octobre 1984 par l'État de Victoria, en Australie, permet dorénavant aux embryons congelés orphelins de trouver une mère adoptive. D'après cette loi, le consentement de ceux qui ont produit les gamètes autorise l'implantation de l'embryon chez une autre femme dès lors que l'intervention n'a pu se réaliser chez la mère naturelle en raison de sa mort, d'un accident ou d'une blessure. Cette loi australienne prévoit également que, si le consentement ne peut être obtenu en raison de la disparition des parents, il incombera au ministère de la Santé de veiller à ce que l'embryon puisse être utilisé pour une autre F.I.V.

Ainsi assiste-t-on à la légalisation de la P.V.G. ou prolongation volontaire de grossesse, inquiétante image en miroir de l'I.V.G....

Enfin, *d'un point de vue éthique*, si l'on assimile l'homme à je ne sais quel animal, il n'y a pas de problème : le fait de congeler des embryons humains n'est alors rien de plus qu'une simple pratique vétérinaire. Mais le problème est que l'homme n'est pas un animal ! Il est une personne qu'il faut toujours considérer et respecter dans sa totalité, dès sa fécondation. Il faut le situer vis-à-vis de son père et de sa mère, sinon quelle identité donner aux enfants créés en laboratoire ? Que devient l'homme, le couple, la famille, la société, dans tout cela ? J'estime que le fait de congeler un embryon humain, c'est aliéner en quelque sorte sa dignitié intrinsèque, c'est « chosifier » l'être unique créé à l'image de Dieu. C'est manifester la domination de l'homme sur l'homme, usurper celle de Dieu.

La constitution de banques d'embryons en constitue la preuve formelle. Par ce moyen, en effet, nous violons des équilibres humains beaucoup plus fragiles que les équilibres écologiques, en raison du nouveau pouvoir que nous nous approprions de décaler le temps. Or le temps est un facteur humain fondamental, et nous prendrions des risques énormes en prétendant modifier les règles fixées à cet égard par notre Créateur. Car dans l'hypothèse où nous provoquerions des sauts de génération, nous altèrerions l'importance aussi bien de la relation normale parents-enfants que du rapport des générations. Nous devons absolument refuser la logique de la science et de la prouesse technique, sous peine de créer des interférences dont nous ne savons pas sur quoi elles vont déboucher...

3 - *Les mères porteuses :*

Le terme de « mère porteuse » s'applique en réalité à deux situations différentes, l'une découlant de la technique de la F.I.V. et l'autre de celle de l'I.A.D. :

— La véritable mère porteuse est celle qui porte un enfant *sans pour autant lui transmettre son capital génétique*. C'est une femme qui reçoit dans son utérus un embryon issu du couple qui accueillera le bébé après sa naissance : l'ovule de la femme « stérile », fécondé *in vitro* par le sperme de son mari, est ensuite implanté chez la mère porteuse. Il s'agit donc en fait d'un « prêt », voire même d'une « location » d'utérus, de la part de cette « mère de substitution », les parents biologiques de l'enfant étant bien ceux qui l'élèveront. Mais ce n'est pas cette technique qui a été appliquée dans notre pays ; il en résulte un certain degré de confusion dans l'esprit du public quand on parle de ce problème.

— Par extension, en effet, on appelle maintenant « mère porteuse » une femme qui non seulement porte l'enfant pendant neuf mois, mais *qui a aussi donné un de ses ovules fécondé après I.A.D.* par les spermatozoïdes du mari de la femme stérile. L'enfant qui naîtra est donc génétiquement celui de la mère porteuse et du mari du couple demandeur. A partir de là, on peut imaginer une autre combinaison : une mère porteuse portant un bébé conçu par un de ses ovules fécondé après insémination artificielle avec du sperme d'un donneur anonyme...

En fait, l'enfant se retrouvant à la naissance avec une mère utérine qui est sa mère biologique, ainsi qu'avec une mère adoptive, le débat porte essentiellement autour de cette catégorie-là de « mères porteuses ».

a) *Les faits :*

Les mères porteuses, tout le monde en parle. Nul n'est indifférent à cette nouvelle forme de maternité qui a pris l'ampleur d'un véritable phénomène de société aux États-Unis. Après les Américaines, ce sont les Britanniques qui, moyennant finances, peuvent utiliser les services de « mères de substitution ». En avril 1983, en effet, Mme Harriet BLANKFELD, une Américaine de 36 ans, a créé à Londres une branche de son agence « Miracle Program Incorporation », qui est spécialisée dans la recherche des mères de substitution. Pour une somme de l'ordre de 16 000 livres sterling (environ 160 000 FF), Miracle Program Incorporation met en rapport des couples qui ne peuvent pas avoir d'enfants du fait de la stérilité de la femme, avec des femmes prêtes à concevoir un enfant pour le remettre ensuite au couple en question.

Dans un premier temps, les parents potentiels prennent contact avec l'agence ; celle-ci recherche ensuite une femme dont les traits physiques ressemblent le plus possible à ceux de la femme stérile. Une fois découverte, cette mère de substitution est fécondée par le sperme du mari et, neuf mois plus tard, remet l'enfant au couple. A aucun moment la mère porteuse ne rencontre les parents potentiels et elle signe, dès la conception, un contrat acceptant d'abandonner l'enfant à sa naissance[31]...

En France, le phénomène est encore marginal. Tout a commencé en 1983, quand Christine et Magali, deux vraies jumelles résidant à la Grande-Motte, adressèrent une brève lettre à deux hebdomadaires pour les informer que Christine portait un enfant destiné à Magali qui était stérile. Christine, déjà mère de deux enfants, a reçu par insémination artificielle la semence de son beau-frère, et a mis au monde un fils qu'elle a abandonné à sa sœur au moment de la naissance... Cette histoire a défrayé la chronique. Pour la première fois en France, un cas de mère porteuse était révélé au public, l'accouchement filmé par la télévision et la naissance annoncée aux informations.

Puis il y eut l'histoire de Patricia LAVISSE, la mère porteuse inséminée par le docteur Sacha GELLER, et qui a mis au monde au printemps 1985 une fillette pour un couple inconnu. Lors d'une table ronde aux « Entretiens de Bichat » de 1984, le docteur GELLER a tenté d'expliquer à ses confrères sceptiques qu'il fallait « démythifier les relations intimes entre la mère et le fœtus »... Il a exposé son point de vue en apportant son expérience personnelle qui, d'après lui, rejoindrait les expériences américaines à ce sujet. Il a essentiellement appuyé son argumentation sur les lettres que lui ont adressées les mères « candidates » à porter un enfant, en insistant sur la joie de ces femmes à donner un enfant à celles qui ne peuvent en concevoir.

Le docteur LEBOVICI, psychiatre, a alors émis des réserves quant au caractère scientifique des documents écrits, et a jugé nécessaire l'apport de preuves plus objectives pour expliquer l'attitude de ces femmes qu'il n'a pas hésité à qualifier d'« exhibitionnistes »...

Ce point de vue a été repris par le docteur COUDERT, pédopsychiatre, qui ne trouve pas « sain » ce besoin d'exprimer bruyamment le sentiment naturel qu'est la joie d'être mère.

Mais l'incertitude se situe surtout au niveau du devenir psycho-affectif de l'enfant, compte tenu de la rupture des relations « mère-enfant » qui se sont développées lors de la grossesse.

Ces relations existent, mais elles sont encore mal connues. Le débat a été clos par cette remarque du docteur LEBOVICI : « Tant qu'il y aura de la curiosité, un goût du scandale et le bruit des médias au sujet de cette nouvelle procréation, c'est l'enfant qui subira les conséquences[32]. »

Compte tenu de nouvelles dispositions du Garde des Sceaux en 1985, le docteur GELLER a annoncé la dissolution de l'association « Mères d'accueil » qu'il avait fondée, et la création d'« Alma Mater », organisme destiné à gérer les problèmes pratiques posés par les prêts d'utérus entre les membres des associations « Sainte-Sarah » (couples demandeurs) et les « Cigognes » (volontaires mères porteuses)...

Dominique, 24 ans, mère de deux petits garçons, fait partie de l'association des « Cigognes » et a le sentiment de se battre pour une cause noble : « Inséminée début 1985, je porte un enfant pour une mère à qui on a ôté l'utérus à la suite d'une grave opération. Si j'avais été dans sa situation, j'aurais aimé trouver quelqu'un qui fasse la même chose pour moi. J'aimerais d'ailleurs rencontrer cette femme, et je tiens à ce qu'elle assiste à l'accouchement[33]. »

b) *Les problèmes :*

Le phénomène des mères porteuses pose une cascade de problèmes, dont les plus importants sont les suivants :

1. Les problèmes juridiques :

En l'état actuel du droit français, le contrat de louage (ou même de prêt) d'utérus est tout à fait illicite, car il porte atteinte, sans autorisation de la loi, à l'intégrité ou à l'indépendance de la personne humaine. En effet, il est interdit à l'individu de disposer de sa personne, de s'aliéner. Il est alors clair que le contrat par lequel une femme s'engage à se faire inséminer, à mener la grossesse à terme et à remettre l'enfant à un couple déterminé est nul, de la nullité la plus absolue. La mère porteuse peut donc, sans encourir aucune responsabilité ou contrainte, changer d'avis, faire interrompre sa grossesse en respectant les règles légales, ou refuser de remettre l'enfant au couple*...

Mais le problème le plus préoccupant est celui de l'établissement de la filiation. La filiation paternelle pose relativement peu de difficultés puisque le père biologique peut reconnaître l'enfant et que cette reconnaissance peut être ultérieurement contestée par toutes les personnes qui y ont intérêt. On imagine les litiges possibles si la discorde s'installe et si le contrat n'est pas respecté...

Pour la filiation maternelle, les choses sont beaucoup plus délicates. En effet, la mère naturelle de l'enfant est la femme qui lui a donné naissance, sans aucune contestation possible ou déclaration contraire. Pour « régulariser » la situation au regard du couple stérile, il est donc nécessaire que l'enfant soit déclaré sans indication du nom de la mère, ou fasse l'objet d'une déclaration d'abandon de celle-ci pour permettre l'adoption de l'enfant par la femme stérile[34]. La procédure à mettre en œuvre nécessite un certain délai pour aboutir : une dizaine de mois pour les jumelles de la Grande-Motte.

2. L'aspect vénal de l'affaire :

Tout le monde se souvient de l'histoire de « Baby COTTON », cette petite fille née à Londres en janvier 1985, destinée à un couple américain très fortuné mais stérile. La mère porteuse, Mme Kim COTTON, 28 ans et mère de deux enfants de 8 et 5 ans, a touché 6 500 livres sterling (soit près de 65 000 FF) pour la porter. En outre, Mme COTTON a vendu l'exclusivité du récit de son expérience au quotidien *Daily Star* pour la très coquette somme de 20 000 livres (plus de 200 000 FF). Difficile de dire qu'il ne s'agit pas alors d'une affaire d'argent. D'ailleurs la mère porteuse ne s'en est pas cachée : elle a déclaré avoir

---

* NdA : En 1981, en Californie, une mère porteuse a refusé, à l'accouchement de donner son bébé au couple commanditaire... lequel n'a d'ailleurs pas insisté !

décidé de porter et de vendre un enfant pour payer les travaux de rénovation de sa maison, dans le Nord de Londres...

En France, Patricia LAVISSE a reçu 50 000 FF, « non comme une rémunération, mais comme une sorte de dédommagement », a-t-elle expliqué[35]... Quant à Dominique, le couple stérile lui a aussi versé 50 000 FF : un « forfait » qui correspond au salaire de neuf mois de grossesse, mais qui ne représente en aucun cas le prix d'un enfant, selon elle. Dominique n'entend pas devenir une professionnelle du prêt d'utérus, et ne veut « surtout pas le faire au noir ». D'ailleurs, précise-t-elle, « j'étais prête à le faire gratuitement si les parents n'avaient pas eu la possibilité de me verser de l'argent[33] ».

Aux États-Unis, le « Centre National des parents de remplacement » créé par Mme BLANKFELD, établit des contrats de 20 000 à 45 000 dollars (entre 140 000 et 320 000 FF environ) pour les couples désespérés de ne pas pouvoir procréer. Sur cette somme, 10 à 13 000 dollars (70 000 à 90 000 FF) reviennent à la mère porteuse qui, en général, reconnaît candidement qu'elle en a besoin (« pour poursuivre mes études », « pour m'acheter une maison », etc.). Quant à « Miracle Program Incorporation », la filiale anglaise, sur les 16 000 livres sterling qu'elle demande au couple stérile, 6 500 (environ 65 000 FF) sont reversés à la mère porteuse.

Ce commerce des mères porteuses est si rentable que Mme BLANKFELD est fermement décidée à faire de sa société « le Coca-Cola de l'industrie des parents de remplacement »... Il est donc clair qu'un tel trafic de mères porteuses « mercenaires » met fondamentalement en cause la dignité des femmes. Il s'agit d'un mercantilisme intolérable, à la fois avilissant et scandaleux. A plus long terme, ces grossesses « de convenance » pourraient créer deux catégories de mères : les fortunées, faisant porter leur enfant, et les pauvres, portant l'enfant contre l'argent...

3. Problème moral : s'agit-il d'une prostitution déguisée ?

Dès que l'affaire COTTON fut révélée au grand public, l'Eglise anglicane, par la voix de l'évêque de Birmingham, a sévèrement condamné la pratique des mères porteuses en déclarant : « Cela revient à utiliser son corps pour quelque chose qui se rapproche de la prostitution[36]. »

En France, le Professeur SCHWARZENBERG n'avait pas attendu la naissance de « Baby Cotton » pour déclarer le 23 septembre 1984, devant les caméras de la télévision, que la prétendue « location d'utérus » est en réalité une vente d'enfants. Dans ces conditions, il faut appeler les choses par leur nom : « Le plus jeune métier du monde, vendre son ventre, ressemble au plus vieux métier du monde, la prostitution. »

Il suggéra que des « faits de société » de cette nature soient soumis à référendum en précisant que « personnellement, il n'était ni pour ni contre ». Et, insiste-t-il, « lorsque je dis que c'est de la prostitution, je n'émets aucun jugement moral ou péjoratif à l'égard des prostituées[37] ».,,

Il est indiscutable que réduire une maternité à une affaire commerciale ressemble à une prostitution déguisée. D'ailleurs, on retrouve cette érosion des frontières morales même lorsqu'une telle pratique revêt l'aspect d'un échange « familial » — sans transactions financières et sans anonymat — comme dans le cas des jumelles de la Grande-Motte. En effet, en lisant l'ouvrage qui relate leur aventure, j'ai été frappé par cette détermination malsaine, qui va jusqu'à l'incitation à l'adultère, pour parvenir à leurs fins :

— Christine : Tu sais, au pire, si aucun médecin ne veut nous aider, il y a une solution : je me jette dans les bras de ton mari ! Tant pis ! On boira un peu avant... Ce serait trop bête de tout compromettre à cause d'un problème aussi stupide. Tu ne crois pas ?

— Magali : J'éprouvai un grand soulagement. J'avais

songé à cette issue-là, sans oser en parler à Christine. Mais puisqu'elle y avait pensé d'elle-même...

Un peu plus loin, lorsqu'elles se rendent à la consultation d'un médecin susceptible d'inséminer Christine, celui-ci leur lance :

— Et si je refuse ?

— Magali : Si tu refuses ?... Il y a bien un autre moyen...

— Pas vrai ! Vous êtes vraiment prêtes à tout pour y arriver, c'est ça ?

— Exactement ! Ce serait désagréable d'en venir au corps à corps, mais nous y avons pensé[38]...

Ainsi, nous ne pouvons que condamner une telle pratique qui implique la dépersonnification de cette activité fondamentale qu'est pour la femme la maternité. Les problèmes que nous allons évoquer maintenant en constituent autant de preuves supplémentaires.

4. Les problèmes psychologiques :

Le 22 octobre 1983, le Conseil National de l'Ordre des Médecins a fait à l'égard des prêts d'utérus les plus expresses réserves : « C'est une pratique qui ne peut manquer de soulever quantité de difficultés juridiques et psychologiques, et qui conduira à des situations morales dramatiques.

Le découpage en deux de la fonction maternelle constitue une voie expérimentale certainement imprudente.

Et ce procédé, biologiquement lourd de conséquences (du fait des échanges intimes entre l'enfant et l'organisme maternel) est humainement anormal.

Quant à la commercialisation, elle constitue une atteinte à la dignité de la femme.

Après la naissance, de graves risques sont à redouter :

— d'ordre moral (séparation forcée entre la mère et l'enfant) ;

— d'ordre psychologique (refus de se séparer de l'enfant ; refus de l'accepter en cas de malformation ; devenir de l'enfant ; pas d'anonymat possible de la mère porteuse)[39]. »

De fait, voici les résultats d'un sondage effectué auprès d'un échantillonage de femmes françaises en septembre 1985, sur le problème des mères porteuses. Sur l'ensemble des femmes interrogées :

— 25 % sont favorables au principe des mères de substitution et 58 % défavorables ;

— 7 % seulement choisiraient d'y faire appel pour elles-mêmes, alors que 72 % voudraient plutôt adopter un enfant ;

— 8 % accepteraient d'être une mère porteuse, et 83 % refuseraient.

Dur, en effet, d'attendre un enfant pendant neuf mois en sachant qu'il vous quittera pour toujours dès l'accouchement !... Inquiétant, quand on a retenu l'avis des spécialistes qui insistent sur les liens très forts qui unissent déjà un bébé à sa maman avant même sa naissance... Troublant, d'être enceinte d'un homme qu'on ne connaît pas... Angoissant, d'imaginer la séparation, même si on ne pense pas « abandon », mais « don » de l'enfant porté.

La psychanalyste Geneviève DELAISI de PARSEVAL, auteur de l'ouvrage *L'Enfant à tout prix*, souligne aussi que l'anonymat est certainement plus angoissant pour la mère porteuse (« jamais je ne le reverrai » - « Sera-t-il bien ? » - « Quelle famille l'accueille ? ») que pour le couple demandeur qui, lui, se sent protégé.

Dernière question de ce sondage : « Dans cette situation, quelle serait, selon vous, la réaction de votre conjoint ? »

Réponse : 45 % des femmes qui accepteraient d'être mères porteuses pensent que leur mari serait d'accord, mais 43 % ne se prononcent pas. L'enquêteur de conclure alors : « Quel effet cela peut-il faire à un homme, même ému par la détresse de couples stériles, de vivre neuf mois avec une femme qui s'arrondit, sachant que le bébé qu'elle porte est celui d'un autre homme ? Difficile à dire[35]... »

5 - Les problèmes de sociétés :

La question des mères porteuses comporte indiscutablement de graves dangers pour l'avenir de notre société, qui est comme subjuguée, hypnotisée par les sirènes de la science et de la philosophie contemporaine. Le principal d'entre eux est d'accentuer la discordance déjà existante entre les progrès importants de la science... et les progrès des idées les plus folles et les plus inquiétantes.

Madame Élisabeth BADINTER, agrégée de philosophie et chargée d'un séminaire sur l'histoire de la famille à l'École polytechnique, a écrit un ouvrage intitulé *L'Amour en plus* où elle tend à démontrer l'inexistence de l'instinct maternel. Un journaliste lui a donc demandé ce qu'elle pensait du phénomène des mères porteuses. Voici sa réponse, publiée dans le *Quotidien du Médecin* du 17 janvier 1985 : « Ce phénomène est effectivement une confirmation exemplaire de l'absence d'instinct maternel, et je ne suis pas surprise de son apparition (...). Il existe en nous tous une véritable terreur à l'idée que l'instinct maternel puisse ne pas exister (...). L'intervention de l'argent est l'illustration la plus évidente du fait que la maternité ne va pas de soi. Si s'occuper des enfants était si naturel, on ne donnerait pas d'argent en échange (allocations familales) pour en faire une sorte de travail. Je trouve beaucoup plus dangereuse et choquante l'idée d'élever un enfant en échange d'un salaire, que de le concevoir et de le porter moyennant finances (...). Bien sûr, le phénomène des mères porteuses reste et restera exceptionnel, car il ne concernera certainement pas plus que quelques dizaines de milliers d'individus. »

D'après elle, il n'en reste pas moins vrai que les nouvelles techniques de procréation artificielle accentuent le déséquilibre entre l'homme et la femme. D'où cette conclusion qui a de quoi nous laisser rêveur : « On peut se demander si ce déséquilibre ne va pas susciter une recherche plus active dans le domaine de la procréation masculine... *qui permettrait à l'homme de porter lui aussi l'enfant*. Cela ne relève plus de la seule science-fiction et peut être sérieusement envisageable d'ici trente à quarante ans. C'est là que se situera alors l'équivalence complète entre l'homme et la femme ! ! !... »

Ce qui lui a valu le 31 janvier 1985, dans les colonnes du même quotidien, la réponse ironique que voici d'un confrère : « Ainsi, l'instinct maternel dénié par elle aux femmes serait devenu l'apanage de l'homme ! Voilà une suggestion originale qui n'a pu germer que dans le cerveau masculinisé d'une femme bien peu féminine ! »

Quelle inconscience dans cette philosophie qui déshumanise l'homme en voulant faire de l'homme une femme, et de la femme un homme ! Quelle folie, quelle révolte contre l'ordre créationnel lorsqu'on songe que Dieu a tout créé de façon équilibrée dans sa création, en évitant soigneusement la confusion des tâches, ainsi que nous l'avons rappelé au chapitre quatre : la femme notamment, a été fondamentalement créée pour la maternité. Elle possède les hormones de la maternité que l'homme n'a pas — la progestérone ou la prolactine — qui influencent son cerveau en insérant la pulsion maternelle dans sa nature*...

c) *En conclusion :*

Cette possibilité pour une femme stérile d'avoir un enfant de son mari par le truchement d'une mère porteuse se trouvant être la mère biologique de l'enfant, a été jugée inacceptable et

---

* NdA : Au chapitre suivant, nous réfléchirons à la fiction décrite par Aldous HUXLEY dans *Le Meilleur des mondes*. L'enseignement le plus important de ce livre est certainement le fait suivant : même si, dans ce meilleur des mondes, tous les tabous sont supprimés et toutes les obscénités enseignées d'autorité aux enfants, il y a un mot qu'il est défendu de prononcer ; c'est le mot « Mère, Mother ». Que la maternité soit devenue dans cette nouvelle société l'obscénité par excellence, c'est vraiment le retournement complet des valeurs ! Il est bon que ce soit un écrivain de la notoriété d'Aldous HUXLEY qui nous ait mis en garde il y a cinquante ans en écrivant : « Si vous jouez avec les petits hommes, vous inverserez toutes les valeurs morales et vous direz que la maternité est la seule chose obscène qui persiste sur la planète[40]... »

illégale par le Comité National d'Ethique qui a considéré qu'il s'agissait alors d'une cession d'enfants.

Nous devons refuser la procédure des mères porteuses dans son ensemble :

— Dans le cas des femmes portant l'embryon fécondé *in vitro* d'un couple stérile, se pose le problème des racines du futur enfant : en effet, on connaît assez l'importance des informations transmises par la mère au fœtus pendant la vie intra-utérine pour ne pas considérer qu'il est l'héritier d'une triple filiation : celle du père, celle de la mère biologique qui le récupérera après la naissance, et celle de la mère porteuse avec qui il a eu neuf mois de relations vraiment privilégiées.

— Quant à la procédure des mères porteuses après I.A.D. par le sperme du mari de la femme stérile, elle est inacceptable, en ce qu'elle permet l'intrusion d'une tierce personne dans le couple et en ce qu'elle réduit l'être humain à un moyen ou à un produit. La mère porteuse est un *moyen*, un incubateur pour mener une grossesse dont l'enfant est le *produit*. Et cela même si, psychologiquement, cette femme est motivée par le désir de faire le cadeau d'une vie, même si ce « produit » répond à l'ardent souhait du couple demandeur. Car accepter une telle pratique, c'est accepter que l'homme soit un moyen plutôt qu'une fin, un objet plutôt qu'un être humain, une étape dans la poursuite d'un but, plutôt qu'un but en soi[12].

La preuve ? Aux États-Unis où le phénomène des mères porteuses est devenu un commerce, il y a déjà des femmes américaines *non stériles* qui recherchent des mères porteuses par « flemme » d'assurer elle-même une grossesse, pour ne pas entraver leur vie professionnelle ou même par souci d'esthétisme ! Aboutira-t-on un jour à des mères de substitution faisant un véritable travail (une grossesse) dont le produit (l'enfant) sera vendu aux plus riches ? De la science-fiction ? Rien n'est moins sûr[35]...

Pour conclure, rappelons que la Genèse évoque déjà le problème des mères porteuses. Ce n'est nullement une idée originale, puisque Agar a été la première mère de substitution connue de l'Histoire, en portant un enfant pour le couple

Abraham-Sara (Genèse 16) ! Les médias ont à plusieurs reprises cité l'exemple d'Agar pour légitimer cette nouvelle forme de procréation artificielle. Mais qu'enseigne au juste la Bible sur ce sujet ?

Agar fut l'esclave égyptienne de Sara, l'épouse légitime d'Abraham. Après leur séjour en Égypte, Abraham et Sara vécurent une dizaine d'années dans le pays de Canaan sans avoir d'enfant. Or, Dieu avait formellement promis à Abraham de lui donner un fils par Sara. Agée de 76 ans, Sara désespéra de mettre au monde le fils promis et se proposa d'utiliser des moyens terrestres pour obtenir le titre de mère. Conformément aux prescriptions du Code d'Hammourabi, le célèbre recueil de lois babyloniennes alors en vigueur dans toute la Mésopotamie, la patrie d'Abraham, Sara donna sa servante à son mari. Pensant que le Seigneur avait besoin de leur aide pour accomplir sa promesse à leur égard, Abraham et Sara se sont servis d'une loi païenne, de leur pays d'origine, que justement Dieu leur avait demandé de quitter. Ce départ signifiait en fait rupture avec un pays, une famille, des habitudes de vie, des traditions religieuses, pour entrer dans un nouveau pays mais aussi dans un nouveau mode de vie, une nouvelle manière de penser fondée sur la confiance et sur la foi en Dieu. Curieux retour en arrière...

C'est ainsi que naquit Ismaël, fils d'un homme qui, face à la promesse de Dieu, s'est laissé décourager par les impossibilités apparentes, au lieu de persévérer dans la foi. Cette naissance a entraîné avec elle deux séries de troubles :

— elle a brisé la paix d'une famille : la servante s'est moquée de sa maîtresse (Genèse 16:4), Sara et Abraham se sont disputés (Genèse 16:5 ; 21:10-11) ; Ismaël s'est moqué d'Isaac (Genèse 21:9), au point que la seule solution possible était la rupture. Il a fallu d'une part que Dieu intervienne pour remettre les choses en ordre et d'autre part que Agar et son fils soient chassés, c'est-à-dire qu'Ismaël soit privé de son père... Rappelons-nous tout de même que Dieu a donné une promesse de bénédiction très forte à Agar et Ismaël ;

— elle a amené un trouble dans l'ordre de la famille : qui

allait hériter (Genèse 21:10) ? L'héritage ne comportait pas seulement les richesses, mais aussi la responsabilité spirituelle, la continuation de la promesse que Dieu avait faite à Abraham, le droit d'offrir des sacrifices, de consulter le Seigneur. Sara comprend très bien le problème : il n'est pas question qu'Ismaël, fils de la mère de substitution, hérite avec Isaac qui est « notre » fils au plein sens du terme. Le rejet d'Ismaël, avec toutes ses conséquences, était donc inévitable.

L'apôtre Paul a tiré une allégorie de cet incident ; il démontra qu'Agar n'est pas du tout un modèle pour ceux qui croient en Dieu, mais le contraire (voir Galates 4:22-31). Sa maternité de substitution illustre un manque de foi, car Abraham n'a pas su attendre l'heure de Dieu. Notre société tire argument de la Bible pour justifier le recours aux mères porteuses. Or, la Parole de Dieu nous montre Agar comme un exemple négatif propre à nous faire comprendre toutes les souffrances, les ruptures et les conflits qu'entraîne cette procédure.

4 - *L'eugénisme :*

Comment ne pas être inquiet devant de telles évolutions de la société qui bouleversent des notions aussi fondamentales que celles de la maternité ? L'enfant en arrivera-t-il ainsi à avoir jusqu'à cinq parents ? Car on peut très bien imaginer que le sperme d'un donneur anonyme (A) féconde *in vitro* l'ovule d'une donneuse (B). L'œuf ainsi obtenu peut ensuite être transféré dans l'utérus d'une autre femme (C), qui sera la mère porteuse. A la naissance, celle-ci abandonnera l'enfant à (D) et (E), ses parents adoptifs qui sont stériles...

Pire : à Londres, STEPTOE et EDWARDS, les « pères » du premier bébé-éprouvette, n'ont pas hésité à affirmer que la F.I.V. pourrait servir dans l'avenir à éviter des tares héréditaires et congénitales en développant, par exemple, « une technologie appropriée, destinée à contrôler *la qualité* des embryons avant leur implantation », le terme « qualité » étant employé dans le sens de « qualité biologique ». A plus longue échéance, ils envisagent même de pouvoir corriger une éventuelle « insuffisance génétique »[29]...

Ainsi, le troisième palier serait la simple « commande » d'un enfant (comme d'une voiture) à un établissement spécialisé qui disposerait d'une banque d'embryons congelés sélectionnés, avec leurs négociants et leurs cours. D'abord on y choisirait son garçon ou sa fille sans risque d'erreur, puisque le « mauvais » sexe serait assimilé à une maladie, et l'enfant du sexe non désiré à un malade à éliminer. Et puis chacun y achèterait qui sa beauté, qui son génie, qui son bébé-Nobel, qui son enfant tripoté génétiquement... Et les médecins dans tout cela ? Ne seraient-ils plus là que pour assurer le « service après vente »... ?

Techniquement, les deux premières étapes — évaluées dans le présent chapitre — ayant été facilement atteintes, il n'y a plus d'obstacle pour accéder à ce nouveau palier. Ne sachant pas jusqu'où peuvent nous entraîner nos recherches serons-nous assez sensés pour décider de ne pas aller plus loin ? C'est à ce grave problème que nous consacrerons le prochain chapitre.

Chapitre 7

LE « JEU » DE LA VIE

Les possibilités techniques actuelles ouvrent des perspectives inouïes. Elles sont redoutables lorsqu'elles se trouvent placées entre les mains d'apprentis sorciers. Tout n'est pas à rejeter, mais une extrême prudence s'impose. Car on imagine quels usages des pays totalitaires pourraient faire de techniques permettant de sélectionner à grande échelle les enfants à naître. D'ailleurs, les nazis n'avaient-ils pas songé à améliorer la race humaine avec leur mythe fou de la race pure ?

Chacun a entendu parler du *Meilleur des mondes*, ce roman d'anticipation écrit par Aldous Huxley en 1932. L'écrivain nous y présente une société future d'hommes et de femmes uniformes, issus du même œuf, « bokanovskifiés » comme il dit. Puis à partir de là, ils sont soigneusement manipulés et conditionnés en fonction des besoins d'une société hyper-technologique, de sorte qu'il ne reste plus que deux catégories d'individus, les supermen et les esclaves.

Voici quelques extraits du premier chapitre de cette œuvre hallucinante, dont la lecture devrait nous permettre de comprendre que la vie n'est pas un jeu : « Un bâtiment gris et trapu de trente-quatre étages seulement. Au-dessus de l'entrée principale, les mots : Centre d'Incubation et de Conditionnement de Londres-Central, et, dans un écusson, la devise de l'État mondial : Communauté, Identité, Stabilité. (...)

— Ceci, dit le directeur, ouvrant la porte d'une énorme pièce du rez-de-chaussée, c'est la Salle de Fécondation.

Au moment où le directeur de l'Incubation et du Conditionnement entra dans la pièce, trois cents fécondateurs, penchés sur leurs instruments, étaient plongés dans ce silence où l'on ose à peine respirer, dans ce chantonnement ou ce sifflement inconscients, par quoi se traduit la concentration la plus profonde.

Une bande d'étudiants nouvellement arrivés, très jeunes, roses et imberbes, se pressaient, pénétrés d'une certaine appréhension, voire de quelque humilité, sur les talons du directeur. Chacun d'eux portait un cahier de notes, dans lequel, chaque fois que le grand homme parlait, il griffonnait désespérément. Ils puisaient ici leur savoir à la source même. (...)

— Je vais commencer par le commencement, dit le Dic, et les étudiants les plus zélés notèrent son intention dans leur cahier : « Commencer par le commencement ». Ceci — il agita la main — ce sont les couveuses. Et, ouvrant une porte de protection thermique, il leur montra des porte-tubes empilés les uns sur les autres et pleins de tubes à essais numérotés : « l'approvisionnement d'ovules pour la semaine. Maintenus, expliqua-t-il, à la température du sang ; tandis que les gamètes mâles — et il ouvrit alors une autre porte — doivent être gardés à trente-cinq degrés, au lieu de trente-sept. La pleine température du sang stérilisé... »

Toujours appuyé contre les couveuses, il leur servit, tandis que les crayons couraient illisiblement d'un bord à l'autre des pages, une brève description du procédé moderne de la fécondation ; il parla d'abord, bien entendu, de son introduction chirurgicale, « cette opération subie volontairement pour le bien de la société, sans compter qu'elle comporte une prime se montant à six mois d'appointements » ; il continua par un exposé sommaire de la technique de la conservation de l'ovaire excisé à l'état vivant et en plein développement, et passa à nombre d'autres considérations techniques...

Enfin il leur montra comment les ovules fécondés retournaient aux couveuses ; où les Alphas et les Bêtas demeuraient jusqu'à leur mise en flacon définitive, tandis que les Gammas, les Deltas et les Epsilons en étaient extraits, au bout de trente-six heures seulement, pour être soumis au Procédé Bokanovsky.

« Au procédé Bokanovsky », répéta le directeur, et les étudiants soulignèrent ces mots dans leurs calepins. Un œuf, un embryon, un adulte, — c'est la normale. Mais un œuf bokanovskifié a la propriété de bourgeonner, de proliférer, de se diviser : de huit à quatre-vingt-seize bourgeons, et chaque bourgeon deviendra un embryon parfaitement formé, et chaque embryon, un adulte de taille complète. On fait ainsi pousser quatre-vingt-seize êtres humains là où il n'en poussait autrefois qu'un seul. Le progrès.

La bokanovskification, dit le Dic pour conclure, consiste essentiellement en une série d'arrêts du développement. Nous enrayons la croissance normale, et, assez paradoxalement, l'œuf réagit en bourgeonnant.

« Réagit en bourgeonnant. » Les crayons s'affairèrent...

L'un des étudiants fut assez sot pour demander en quoi résidait l'avantage du procédé : « Mon bon ami ! — le directeur se tourna vivement vers lui — vous ne voyez donc pas ? Vous ne voyez pas ? » Il leva la main ; il prit une expression solennelle : « Le procédé Bokanovsky est l'un des instruments majeurs de la stabilité sociale ! »

« Instruments majeurs de la stabilité sociale. »

Des hommes et des femmes conformes au type normal ; en groupes uniformes. Tout le personnel d'une petite usine constitué par les produits d'un seul œuf bokanovskifié : « Quatre-vingt-seize jumeaux identiques faisant marcher quatre-vingt-seize machines identiques ! » Sa voix était presque vibrante d'enthousiasme : « On sait vraiment où l'on va. Pour la première fois dans l'histoire. » Il cita la devise planétaire : « Communauté, Identité, Stabilité. » Des mots grandioses. « Si nous pouvions bokanovskifier indéfiniment, tout le problème serait résolu. »

Résolu par des Gammas du type normal, des Deltas invariables, des Epsilons uniformes. Des millions de jumeaux identiques. Le principe de la production en série appliqué enfin à la biologie. « Mais hélas ! — le directeur hocha la tête — nous ne pouvons pas bokanovskifier indéfiniment. » (...)

Faisant signe à une jeune homme blond au teint vermeil qui passait par hasard à ce moment : « M. Foster, appela-t-il. Venez donc avec nous, et faites profiter ces gamins de votre savoir d'expert ». M. Foster sourit modestement.

— Avec plaisir.

Ils le suivirent d'abord dans la salle de mise en flacons, puis dans la salle de prédestination sociale.

— Quatre-vingt-huit mètres cubes de fiches sur carton, dit M. Foster avec un plaisir manifeste, comme ils entraient.

— Contenant tous les renseignements utiles, ajouta le directeur.

— Mis à jour tous les matins.

— Et coordonnés tous les jours, dans l'après-midi.

— Sur la base desquels sont faits les calculs.

— Tant d'individus, de telle et telle qualité, dit M. Foster.

— Répartis en telles et telles quantités...

— Les prédestinateurs envoient leurs chiffres aux fécondateurs.

— Qui leur donnent les embryons qu'ils demandent.

— Et les flacons arrivent ici pour être prédestinés en détail.

— Après quoi, on les descend au dépôt des embryons.

— Où nous allons maintenant nous rendre nous-mêmes.

Et, ouvrant une porte, M. Foster se mit à leur tête pour descendre un escalier et les mener au sous-sol. La température y était encore tropicale. Ils descendaient dans une pénombre qui s'épaississait. Deux portes et un couloir à double tournant protégeaient la cave contre toute infiltration possible du jour.

— Les embryons ressemblent à une pellicule photographique, dit M. Foster d'un ton badin, ouvrant la seconde porte d'une poussée. Ils ne peuvent supporter que la lumière rouge...

Les flancs bombés des flacons qui s'alignaient à l'infini, rangée sur rangée, étage sur étage, étincelaient en rubis innombrables ; parmi les rubis se déplaçaient les spectres rouges et vagues d'hommes et de femmes aux yeux pourprés, aux faces rutilantes de lupiques. Un bourdonnement, un fracas de machines, imprimait à l'air un léger frémissement (...).

Chaque flacon pouvait être placé sur l'un d'entre quinze porte-bouteilles, dont chacun, bien qu'on ne pût s'en apercevoir, était un transporteur avançant à la vitesse de trente-trois centimètres un tiers à l'heure. Deux cent soixante-sept jours à raison de huit mètres par jour. Deux mille cent trente-six mètres en tout. Un tour de la cave au niveau du sol, un autre sur la première galerie, la moitié d'un autre sur la seconde, et, le deux cent soixante-septième matin, la lumière du jour dans la salle de décantation. Dès lors, l'existence indépendante — ainsi dénommée.

— Mais, dans cet intervalle de temps, dit M. Foster pour conclure, nous avons réussi à leur faire pas mal de choses. Oh ! beaucoup de choses. Son rire était triomphant.

— Voilà l'état d'esprit qui me plaît, dit le directeur. Faisons le tour. Donnez-leur toutes les explications, M. Foster.

M. Foster les leur donna avec complaisance.

Il leur parla de l'embryon, se développant sur son lit de péritoine. Il leur fit goûter le riche pseudo-sang dont il se nourrit... Il décrivit la circulation maternelle artificielle installée sur chaque flacon au mètre 112 ; leur montra le réservoir de pseudo-sang, la pompe centrifuge qui maintient le liquide en mouvement au-dessus du placenta et le chasse à travers le poumon synthétique et le filtre à déchets. Il dit un mot de la tendance fâcheuse de l'embryon à l'anémie, des doses massives d'extrait d'estomac de porc et de foie de poulain fœtal qu'il est nécessaire, en conséquence, de lui fournir... Il leur parla des épreuves de sexe effectuées au voisinage du mètre 200. Il expliqua le système d'étiquetage — un T pour les mâles, un cercle pour les femelles, et pour ceux qui étaient destinés à devenir des neutres, un point d'interrogation, noir sur un fond blanc.

— Car, bien entendu, dit M. Foster, dans l'immense majorité des cas, la fécondité est tout bonnement une gêne. Un ovaire fertile sur douze cents — voilà qui serait largement suffisant pour nos besoins. Mais nous désirons avoir un bon choix. Et, bien entendu, il faut toujours conserver une marge de sécurité énorme. Aussi laissons-nous se développer normalement jusqu'à trente pour cent des embryons femelles. Les autres reçoivent une dose d'hormone sexuelle mâle à tous les vingt-quatre mètres pendant le reste du parcours. Résultat : quand on les décante, ils sont neutres, absolument normaux au point de vue de la structure (sauf — fut-il obligé de reconnaître — qu'ils ont, il est vrai, un rien de tendance à la croissance d'une barbe), mais stériles. Garantis stériles. Ce qui nous amène enfin, continua M. Foster, à quitter le domaine de la simple imitation stérile de la nature, pour entrer dans le monde beaucoup plus intéressant de l'invention humaine…

Il se frotta les mains. Car, bien entendu, on ne se contentait pas de couver simplement des embryons : cela, n'importe quelle vache est capable de le faire.

— En outre, nous prédestinons et conditionnons. Nous décantons nos bébés sous forme d'êtres vivants socialisés, sous forme d'alphas ou d'epsilons, de futurs vidangeurs ou de futurs… — il était sur le point de dire « futurs administrateurs mondiaux », mais, se reprenant, il dit « futurs directeurs de l'incubation ». Le Dic fut sensible au compliment, qu'il reçut avec un sourire épanoui mais modeste.

Ils en étaient au mètre 320 sur le porte-bouteilles n° 11. Un jeune mécanicien Bêta-moins était occupé à travailler avec un tournevis et une clef anglaise à la pompe à pseudo-sang d'un flacon qui passait. Le ronflement du moteur électrique devenait plus grave, par fractions de ton, tandis qu'il vissait les écrous… Plus grave, plus grave… Une torsion finale, un coup d'œil sur le compteur de tours, et il eut terminé. Il avança de deux pas le long de la rangée et recommença la même opération sur la pompe suivante.

— Il diminue le nombre de tours à la minute, expliqua M. Foster. Le pseudo-sang circule plus lentement ; il passe par conséquent dans les poumons à intervalles plus longs ; il donne par suite à l'embryon moins d'oxygène. Rien de tel que la pénurie d'oxygène pour maintenir un embryon au-dessous de la normale. De nouveau, il se frotta les mains avec satisfaction.

— Mais pourquoi voulez-vous maintenir l'embryon au-dessous de la normale ? demanda un étudiant ingénu.

— Quel âne ! dit le directeur, rompant un long silence. Ne vous est-il jamais venu à l'idée qu'il faut à un embryon d'Epsilon un milieu d'Epsilon aussi bien qu'une hérédité d'Epsilon ? Cela ne lui était évidemment pas venu à l'idée. Il fut couvert de confusion.

— Plus la caste est basse, dit M. Foster, moins on donne d'oxygène... Chez les Epsilons, nous n'avons pas besoin d'intelligence humaine. Mais, bien que chez eux l'esprit soit mûr à dix ans, il en faut dix-huit avant que le corps soit propre au travail. Que de longues années d'immaturité, superflues et gaspillées ! S'il était possible d'accélérer le développement physique jusqu'à le rendre aussi rapide — mettons que celui d'une vache — quelle économie énorme il en résulterait pour la Communauté !

— Énorme ! murmurèrent les étudiants toujours attentifs.

L'enthousiasme de M. Foster était contagieux (...).

Leurs pérégrinations parmi la pénombre cramoisie les avaient amenés au voisinage du mètre 170 sur le porte-bouteilles n° 9. A partir de ce point, le porte-bouteilles n° 9 disparaissait dans une gaine, et les flacons accomplissaient le restant de leur trajet dans un sorte de tunnel, interrompu çà et là par des ouvertures de deux ou trois mètres de large.

— Le conditionnement à la chaleur, dit M. Foster. Nous les conditionnons de telle sorte qu'ils se portent bien à la chaleur. Nos collègues là-haut leur apprendront à l'aimer.

— Et c'est là, dit sentencieusement le directeur en guise de contribution à cet exposé, qu'est le secret du bonheur et de la vertu, aimer ce qu'on est obligé de faire. Tel est le but de tout conditionnement ; faire aimer aux gens la destination sociale à laquelle ils ne peuvent échapper (...) »[40].

*

* *

LA REPRODUCTION CLONALE

Pour réaliser le cauchemar du *Meilleur des Mondes* d'Aldous HUXLEY, des êtres humains devraient être prédéterminés au mépris de toute liberté, à remplir des fonctions inhumaines, automatiques et dégradantes. Or il se trouve que les recherches actuelles rejoignent la fiction grâce à la possibilité de la reproduction clonale.

Le terme de « clonage » vient du mot grec « Klôn » qui signifie « rameau », « bouture », « greffe ». De fait, le clonage est depuis longtemps une pratique courante en horticulture. Elle a été expérimentée pour la première fois avec succès chez l'animal, lorsque le docteur J.B. GURDON, de l'Université d'Oxford, clona une grenouille en 1961.

De quoi s'agit-il ? Le clonage est une technique de reproduction *asexuée* qui permet de produire des individus génétiquement identiques à partir d'une cellule d'un génotype donné. Des biologistes et des généticiens, parmi lesquels le docteur EDWARDS, le co-père du premier bébé-éprouvette, estiment qu'on parviendra à réaliser la reproduction clonale chez l'homme avant la fin du siècle ou au début du prochain millénaire.

Comment ? En réalisant la séquence suivante :

Première étape : on féconde artificiellement un ovule avec un spermatozoïde. Comme je l'ai rappelé au chapitre cinq, ces cellules sexuelles sont les seules cellules du corps humain à être *haploïdes*, c'est-à-dire qu'elles ne contiennent chacune que 23 chromosomes. Au moment de la fécondation, l'ovule et le spermatozoïde fusionnent pour donner l'œuf qui est *diploïde*, c'est-à-dire contenant 46 chromosomes. C'est l'œuf fécondé diploïde, et lui seul, qui sera ensuite capable de se diviser en cellules-filles à 46 chromosomes qui constituent les cellules fondamentales de l'embryon.

Deuxième étape : on extrait de l'œuf ainsi obtenu son noyau. Or le noyau représente la substance fondamentale de l'œuf fécondé puisqu'il contient tout le capital génétique du nouvel être en voie de formation (ce capital génétique résulte de la combinaison naturelle des 23 chromosomes masculins et des 23 chromosomes féminins de ses parents).

Troisième étape : dans l'œuf ainsi « vidé », on introduit non pas une cellule sexuelle mais une cellule somatique quelconque (par exemple de la peau) prélevée sur un être humain. Or toutes les cellules somatiques du corps humain sont *diploïdes*, c'est-à-dire qu'elles contiennent la série *complète* des 46 chromosomes du donneur.

Quatrième étape : insérée dans l'œuf « vidé », cette cellule non sexuelle est « activée » ; l'œuf ainsi transformé du point de vue génétique commence à se diviser pour former un nouvel embryon.

Lors d'une étape ultérieure, il ne reste plus qu'à replacer celui-ci dans l'utérus d'une « femme-hôte » et à attendre l'accouchement : le bébé qui naîtrait ne devrait génétiquement rien à sa pseudo-mère dont l'ovule et l'utérus n'auraient été que le terroir de son développement. Copie exacte du donneur de la cellule initiale, le clone serait génétiquement le double parfait de son « parent » unique, et donc privé d'individualité biologique propre...

Les problèmes posés par une telle technique sont bien évidemment nombreux, complexes et graves :

1. D'abord tout individu aurait la possibilité de se faire faire un très grand nombre de clones qui lui seraient génétiquement identiques. Les clones ne seraient pas des fils et des filles au sens biologique du terme, mais de parfaites *répliques* des hommes et des femmes eux-mêmes ; chaque homme pourrait ainsi se faire fabriquer ses « fils-jumeaux » et chaque femme ses « filles-jumelles », en très grande quantité et de façon quasi illimitée.

2. Ensuite, un individu ou un couple pourrait décider de se faire fabriquer un enfant ayant la totalité des caractéristiques génétiques d'un personnage illustre, d'un ami intime, voire d'un époux décédé. Dans ce dernier cas, il suffirait de conserver au froid un tissu provenant du défunt et d'en prélever une cellule. Imaginez une femme donnant naissance à un bébé qui

serait la copie exacte de son mari décédé... Songez à l'ambiguïté des sentiments qu'un tel enfant éveillerait en elle (« est-ce mon enfant ou bien mon mari-enfant » ?)...

3. Par ailleurs, si la reproduction clonale venait à se perpétuer d'une génération aux suivantes, elle équivaudrait à long terme à immortaliser les caractéristiques génétiques du donneur originel... Sans compter qu'on pourrait aussi envisager de congeler des clones de manière à faire se télescoper les générations...

4. Mais, étroitement liée à la satisfaction du désir d'un individu qui veut ainsi perpétuer son image terrestre, apparaît immédiatement la tentation de l'eugénisme. Car la reproduction clonale permet d'espérer que soit amélioré le genre humain en « copiant » les individus supérieurement intelligents, les super hommes d'affaires, les grands artistes, etc. On pourrait donc imaginer que la génération suivante ne soit composée que des « meilleurs » éléments des générations précédentes... Car pourquoi ne pas reproduire des Mozart, des Einstein, des Staline, des Mao-Tsé-Toung... ? A la limite, pourquoi ne pas produire une société constituée d'équipes d'individus uniformes, chacune spécialisée dans un domaine très précis : ici une armée de soldats identiques, sélectionnés pour certaines conditions de guerre ; là un groupe d'astronautes super entraînés. Ou bien une équipe de chirurgiens hors pair ; ou encore une masse d'esclaves-robots coexistant avec les supermens aryens du rêve fou d'Hitler...

5. Il convient là de s'interroger d'abord sur les caractéristiques morales d'un éventuel clone humain. L'âme est-elle transmise par le biais du processus sexuel normal de reproduction des êtres humains ? Qu'en est-il de sa transmission en cas de procréation asexuée ? Le docteur Harold LINDSELL, théologien, avoue ne pas connaître la réponse à ces questions, mais reconnaît la nécessité d'y réfléchir sérieusement si le clonage humain devenait un jour réalité[41].

Et puis, surtout, quelle serait la dimension spirituelle d'un clone humain ? Des sectes pourraient-elles décider de se reproduire par clonage afin d'inonder le monde de missionnaires zélés... ? Des chrétiens auraient-ils l'idée saugrenue de reproduire, par exemple, l'évangéliste Billy GRAHAM à quelques centaines d'exemplaires ? Pour ma part, je pense que d'éventuels clones de Billy GRAHAM seraient ses copies biologiques exactes, certainement pourvues de qualités intellectuelles très semblables aux siennes. Mais il est clair qu'ils seraient absolument incapables d'exercer son ministère sans être passés au préalable par l'expérience personnelle de la nouvelle naissance.

Ici se pose donc la grave question de savoir si un clone serait capable de parvenir à la conscience de Dieu. Un clone pourrait-il naître de nouveau, par l'action du Saint-Esprit ? Si la réponse était négative, s'il s'avérait qu'un clone n'est pas capable de vivre une relation consciente avec Dieu, vers quels dangers, vers quelle folie la recherche biomédicale ne nous entraînerait-elle pas ?

6. Une autre manifestation de la folie humaine serait la généralisation des expérimentations et des manipulations de toutes sortes effectuées sur des êtres humains. En effet, la reproduction clonale permettrait les expériences les plus diverses sur du « matériel humain » à très grande échelle. Un tel « matériel » serait aussi facile à obtenir que des bactéries, des grenouilles ou des souris blanches. Et puis, on n'aurait plus à attendre une ou plusieurs générations pour étudier les résultats de telles expérimentations.

7. Et pourtant, diront les défenseurs de cette technique, la reproduction clonale aurait des applications médicales « intéressantes » : grâce à elle, en effet, certains couples pourraient éviter de prendre le risque d'une maladie héréditaire. Il suffirait que l'époux ayant une tare génétique quelconque accepte d'avoir des enfants clonés à partir de son conjoint présumé biologiquement sain... Et puis les clones ne constitueraient-ils pas une réserve vivante idéale de tissus génétiquement identiques pour tous les individus ayant besoin d'une greffe d'organes ? Grâce au clonage, plus de problèmes de rejet !

Science-fiction ? Fantasmagorie ? Produit d'une imagination débridée ? Rien n'est moins sûr. Car les progrès dans la maîtrise des techniques de manipulation des gènes et de l'hérédité — s'ils ouvrent des perspectives prodigieuses comme par exemple dans la connaissance et la prévention des processus des maladies héréditaires — sont aussi en train de fabriquer la clé qui ouvre la boîte de Pandore de la vie[17]...

En 1978, un journaliste scientifique réputé, D. RORVICK, a publié aux États-Unis un ouvrage où il affirme que le premier clonage humain a eu lieu ! Un milliardaire américain de 60 ans aurait financé l'opération du clonage de l'une de ses propres ellules pour obtenir « un fils à son image », à qui il allait léguer son héritage. Une femme volontaire aurait mené cette grossesse à terme en 1977[42]... Mais cet ouvrage a été dénoncé comme étant un faux, et l'un des scientifiques mentionné dans le livre a engagé un procès contre l'auteur et contre l'éditeur, procès qu'il a gagné en 1982.

Le monde scientifique n'est incrédule... qu'en raison du caractère prématuré de l'information. L'auteur, en tout cas, montre avec une bonne documentation à l'appui, à quel point la percée des connaissances et l'affinement des techniques nous entraînent vers des rivages aussi fascinants qu'effrayants. Depuis vingt-cinq ans, les scientifiques expriment des inquiétudes : « En moi, disait J. ROSTAND, le biologiste est plein d'espoir, mais l'homme a peur ». Même perplexité chez E. WOLFF à la fin de son ouvrage *Les chemins de la vie* (Paris, Hermann, 1963) : « Il est permis d'espérer un peu et de craindre beaucoup. » Citons encore le témoignage du célèbre chroniqueur scientifique G.R. TAYLOR dont l'ouvrage *La révolution biologique* (Paris, Laffont, 1969) se fermait sur cette conclusion : « L'homme est la mesure ; le savoir sans charité pour le corriger contient venin et malignité. La technique qui nous manque, c'est celle qui nous permettrait d'appliquer ce principe »[12].

ESSAI D'ÉVALUATION DU CLONAGE

1 - *Conformisme ou créativisme ?*

La reproduction humaine normale, qui est sexuée, est fondamentalement liée aux lois biologiques du hasard. C'est la combinaison imprévisible des gènes parentaux qui fait que chaque enfant est le premier en son genre et le dernier (sauf les vrais jumeaux). Comme de plus ses caractéristiques génétiques proviennent autant de son père que de sa mère, il est à la fois semblable et différent de ses parents. Les membres d'une famille possèdent des traits communs, tout en ayant chacun une personnalité et une individualité propres.

Par la reproduction clonale, asexuée, la part d'inconnu qui fait partie du phénomène normal de reproduction humaine est réduite au maximum. Les clones humains seraient tous des copies conformes non de leurs parents, mais de leur progéniteur unique. Du coup, une société de clones se caractériserait par son uniformité et son manque de diversité. Elle serait constituée de clans d'individus ressemblants, ce qui, lorsqu'on y songe bien, serait assez hallucinant. Il en résulterait :

1. Que la relation normale parents-enfants serait irrémédiablement abolie. La cellule familiale disparaîtrait pour être remplacée par des tribus monoparentales ; dans chacune d'elles, on y verrait un progéniteur unique entouré de quelques dizaines, voire quelques centaines de ses clones. Vous imaginez-vous en train de vivre au milieu d'une meute d'enfants — éventuellement d'âges différents — qui, chacun, vous ressemblerait avec une précision diabolique ? Pensez-vous qu'il soit possible de garder longtemps une raison saine dans un tel contexte ?

2. Que le rapport normal des générations serait gravement altéré. Vouloir grâce au clonage perpétuer son image dans les générations à venir, équivaut à programmer l'avenir sur la base du passé et à planifier notre destinée sur des prévisions humaines. Au sein de telles tribus monoparentales, nous serions prisonniers du connu, les gardiens de ces prisons étant des génotypes des générations passées. Par la reproduction clonale,

le brassage constant des gênes duquel découle l'originalité de chaque être vivant n'existerait plus comme dans la reproduction normale. Dans ces conditions, plus de liberté individuelle, plus de créativité, plus d'initiatives personnelles et plus de changement ; tout est figé... Voilà du conservatisme au sens le plus étroit, exprimé pour la première fois en termes biologiques. Le pas serait vite franchi pour le traduire alors en une attitude politique despotique...

Mais élargissons le débat en nous interrogeant sur les caractéristiques des hommes et des femmes du 21e siècle : quels types d'êtres humains faudra-t-il pour s'adapter au troisième millénaire ? Nous n'en avons aucune idée précise, car nous sommes incapables d'anticiper l'avenir et d'imaginer ce que feront nos descendants. Il se pourrait très bien que les conditions actuelles de vie soient tout à fait inadaptées aux exigences de la vie (ou de la survie...) des générations futures ! Ainsi le clonage, en nous limitant strictement à ce qui est connu, et en supprimant la force créative qu'il nous faut pour vivre, ne serait en aucune façon la bonne réponse à apporter aux problèmes de l'homme. Au contraire, le clonage représenterait un péril mortel pour l'avenir du genre humain.

Ces seules considérations devraient suffire pour nous convaincre que le clonage est inacceptable. La créativité et le changement sont les caractéristiques du genre humain, car elles reflètent notre ressemblance à Dieu qui est lui-même créateur et innovateur. Les auteurs de la Bible témoignent très souvent comment Dieu institue le changement, en donnant à son peuple la possibilité de s'y adapter. Il ne permet pas aux événements d'agir par eux-mêmes vers une fin inexorable. Il intervient et guide son peuple qui découvrira sans cesse de nouvelles possibilités créatives. Le changement est indispensable ; et Dieu permet chaque fois à son peuple de trouver les solutions appropriées aux nouveaux défis (Psaume 32.8).

De telles considérations semblent bien éloignées du problème du clonage, et pourtant elles mettent en lumière le contraste existant entre le conformisme froid et impersonnel et l'extraordinaire potentiel créatif de l'homme. Le clonage est une réponse biologique et sociale particulière à certaines aspirations humaines. Mais les chrétiens ont une réponse bien plus appropriée à fournir : Jésus-Christ a montré aux individus et aux communautés comment répondre aux défis existentiels auxquels ils sont confrontés ; il leur dit d'utiliser leurs dons et leurs talents, quels qu'ils soient. Car le corps de Christ est un corps aux multiples fonctions, il n'est pas seulement une tête, ou seulement un bras, ou seulement une jambe... Mais surtout, le chrétien ne suit pas un simple exemple : comme nous l'avons déjà dit, sa dimension spirituelle a été renouvelée par « la nouvelle naissance ». Par l'Esprit Saint, ses capacités créatrices qui avaient été faussées par la chute lui sont redonnées, parfois dans le domaine du savoir-faire (Exode 31 : 1-11), le savoir être, et toujours dans ce que la Bible appelle « le renouvellement de l'intelligence » (Éphésiens 4 : 17-25).

En gommant le risque du hasard, le clonage permet de sélectionner les individus exactement de la façon dont Aldous HUXLEY l'avait imaginée il y a plus d'un demi-siècle déjà. Or ce n'est pas aux hommes à déterminer les caractéristiques génétiques de leur descendance, c'est à Dieu. Voilà pourquoi il a institué un mode de reproduction humaine qui est sexué et biologiquement lié au hasard. Éthiquement parlant, le clonage est donc un procédé indigne du genre humain.

2 - *L'homme et son clone :*

Le produit fini que nous appelons « adulte humain » est le résultat de facteurs environnants et pas seulement génétiques. Mais si de vrais jumeaux ont énormément de choses en commun, il a été démontré qu'il existe des différences considérables s'ils sont élevés dans des maisons ou des cultures distinctes. L'environnement débute dans le sein maternel et dépend des conditions de vie de la petite enfance. Il est lié à notre éducation particulière, à notre famille, à la société et à la culture dans lesquelles nous nous développons. C'est lui qui détermine notre histoire individuelle qui n'est pas répétitive et qui contribue à nous façonner en tant qu'individu. Ainsi, pour produire un autre Mozart, il nous faudrait non seulement le génome de Mozart (c'est-à-dire l'ensemble des gènes de ses chromosomes), mais l'utérus maternel qui l'a porté, les leçons de musique de son père, l'ensemble de son environnement socioculturel d'alors, le type de musique pratiqué en Autriche au dix-huitième siècle, le patronage d'Haydn et ses relations à tous les niveaux...

Dieu a créé chaque individu en tant qu'entité *nouvelle*, alors que le clonage tend à faire resurgir les idéaux du passé. Vouloir nous fabriquer des clones signifie que nous nous considérons être plus importants que nos descendants. Or sociologiquement parlant, nous ne pouvons pas imposer notre expérience humaine à la génération suivante qui sera confrontée à des problèmes tout différents et qui devra s'y adapter spécifiquement.

Et puis les clones seraient produits pour perpétuer les caractéristiques d'une personne ayant déjà vécu. Ils ne viendraient donc pas au monde pour se développer en tant qu'individus uniques et *être* eux-mêmes, mais pour accomplir certaines fonctions spécifiques prédéterminées. Ils seraient donc dans la position peu enviable de savoir ce qu'on attend d'eux en tant que simple réplique biologique d'un autre individu ; ils auraient ainsi un avenir préétabli et n'auraient à se comporter que comme des robots...

Pour résumer, je formulerais d'abord une interrogation : les clones ne constitueraient-ils pas une tentative de l'homme pour arrêter le temps, retarder, de façon inconsciente, cet avenir que l'on redoute, qui prend de plus en plus une tournure de fin du monde ? Par ailleurs, je dirais que les clones sont comme des statues que l'homme se fabriquerait pour immortaliser son nom. Ce qui, en soi, n'est pas du tout une idée nouvelle. En effet, la Bible nous relate l'histoire d'Absalom, le fils révolté de David qui, demeuré sans descendance, s'était fait ériger un monument de son vivant. Car il disait :

« Je n'ai point de fils, par qui le souvenir de mon nom puisse être conservé. Et il donna son propre nom au monument, qu'on appelle encore aujourd'hui monument d'Absalom. » (2 Samuel 18 : 18).

L'homme moderne est tout aussi idolâtre qu'Absalom : il met le dieu « Moi » à la place du Créateur. Et par le clonage, l'homme d'aujourd'hui pense pouvoir immortaliser un jour son nom sur la terre. En outre, il est possible que s'installe une telle relation de dépendance entre les clones et leur progéniteur, que ce dernier soit considéré comme un dieu par ceux qu'il a fabriqués...

Or, la Bible nous exhorte à fuir toute idolâtrie, extérieure ou intérieure (1 Corinthiens 10 : 7 ; Romains 2 : 22 ; 1 Jean 5 : 21). Le seul moyen de le faire est d'aimer de tout notre cœur, de toute notre force et de toute notre pensée le Dieu merveilleux et Tout-Puissant qui réclame que nous le servions en esprit et en vérité (Jean 4 : 23-24). Alors, nous n'adorerons plus la créature, mais Dieu le Créateur et la personne de Jésus-Christ, son Fils, nous sera révélée. En voulant que Jésus soit pleinement homme, Dieu, le modèle absolu, a façonné le parfait modèle humain. En aucun cas, le progéniteur d'un clone pourrait être un modèle parfait. Seul Jésus-Christ est l'homme parfaitement humain, l'idéal humain. Ainsi, la liberté des enfants de Dieu est juste le contraire de la tyrannie du clonage, qui consiste à refléter et à copier une personne non idéale et imparfaite. De plus, notre dignité d'être humain est une dignité déléguée par Dieu dans sa création et suprêmement révélée dans la rédemption. Elle ne dépend pas de ce que les êtres humains sont capables d'accomplir matériellement ou socialement, mais provient de l'amour de Dieu pour nous. La mort de Jésus-Christ à la Croix le démontre, lui pour qui la vie d'un individu était aussi précieuse que sa propre vie.

C'est dans ce sens que la reproduction clonale, utilisée à des fins égocentriques et mauvaises, est une procédure « indigne ». Car l'être humain n'a pas à être recréé selon des normes humaines, puisque Jésus-Christ est le second Adam, l'homme parfait. L'être humain naît avec toute sa diversité, avec tout son potentiel de vie unique et, en acceptant Jésus-Christ comme son Sauveur et son Seigneur personnel, accède à la vie éternelle promise par les Saintes Écritures.

3 - *Le clone et le clown :*

D. Gareth JONES a comparé les clones à des clowns :

Considérons d'abord l'accoutrement et les farces des clowns : êtres insignifiants, entourés de forces qu'ils ne contrôlent pas, les clowns ont la possibilité de nous faire rire. Leur accoutrement est une caricature de la bêtise humaine. Par leurs farces, ils révèlent ce que nous essayons de cacher, et nous font rire de nos bêtises. Ce faisant, ils nous obligent à méditer sur nous-mêmes ; ils nous font réaliser combien notre comportement est parfois stupide et notre vie vaine. Aussi faut-il savoir s'autocritiquer, ne pas se prendre trop au sérieux et avoir un peu d'humour. Car le rire est nécessaire à une vie équilibrée.

De la même façon, les clones représentent une forme d'excentricité. Ils nous montrent la manière dont nous nous voyons nous-mêmes et révèlent la vanité de nos prétentions de créatures. Ils nous rappellent que l'on ne peut pas ainsi jouer avec la vie ; idolâtrer notre Moi ; se prendre pour le créateur de l'homme.

Il est intéressant de relever que les histoires de science-fiction sont généralement effrayantes quand ce sont des êtres humains qui doivent assumer la responsabilité de contrôler leurs semblables. La vie devient routinière, monotone, dès lors qu'une élite de supermen se met à diriger une population soumise. L'improvisation, la diversification, la motivation, le rire et le rêve n'ont plus de place dans une société d'esclaves robotisés. L'amour, la joie, la paix, la patience, la bonté, la bienveillance, la fidélité, la douceur et la maîtrise de soi sont bannis. La dignité humaine est abolie.

Or la Bible a une très haute conception de la dignité humaine. Elle nous décrit exactement tels que nous sommes, ce qui devrait parfois nous faire rire de notre bêtise. En effet, l'orgueil de l'homme ne le mène qu'au néant. De plus, la Bible nous montre la valeur de la liberté et de l'expression individuelles ; elle cite l'exemple d'hommes et de femmes qui ont refusé de se conformer à l'opinion de la « majorité », et qui ont choisi de rester fidèles à Dieu. Marchant par la foi, leur vie a été illuminée par l'espoir. Alors que marchant comme des robots, leur vie se serait éteinte dans l'absurdité.

Enfin, les clones et les clowns illustrent à la fois l'individualité et le manque de personnalité, la diversité et l'uniformité, la créativité et la conformité. En effet, le clown permet l'excentricité, l'humour, le comique. Il est notre photographie, même sur le mode grotesque. Il nous nomme, nous individualise, même en nous ridiculisant.

Le clone, au contraire, vit pour ce à quoi il a été destiné. Le contraste entre l'homme et son clone ressemble à celui existant entre une cathédrale magnifiquement ornée et un gratte-ciel uniforme. Ainsi nous n'avons pas à programmer les générations futures pour qu'elles reflètent notre propre image. Nous n'avons pas le droit de faire de l'homme une créature à l'image de l'homme[22].

4 - *En conclusion :*

L'homme est la créature de Dieu. Le clone est la créature de l'homme ; il serait un individu déshumanisé, sans valeur intrinsèque, sans possibilité d'exercer sa propre liberté.

Et puis quelle erreur, quelle monstruosité ce serait de vouloir remplir la terre en réduisant la variété des types génétiques ! N'avons-nous donc pas encore compris que l'humanité n'a pas besoin d'une superproduction de génies ? Et que le patrimoine génétique humain ne doit sa qualité qu'à l'extrême variété des individus qui composent le genre humain ? Dans ces conditions, interférer dans un système si délicatement équilibré pourrait être désastreusement irresponsable. Il faudra bien un jour faire l'éloge de la normalité...

Bien sûr, imaginer et produire un être humain idéal est une idée grandiose et tentante. Mais qui sélectionnerait les capacités intellectuelles, morales et spirituelles de ces supermen ? De quelle façon ? Et selon quels critères ? Et puis, même s'il était théoriquement possible de produire un être humain idéal génétiquement parlant, il ne faudrait jamais perdre de vue que le « produit final » — l'être humain — profondément influencé par son environnement, serait bien différent de l'idéal escompté. Enfin, ne voit-on pas qu'il serait impossible d'assurer un développement psychologique normal à un enfant cloné privé d'un contexte familial normal ?

Là encore c'est la Bible, et la Bible seule, qui nous donne des points de repère aussi simples qu'infaillibles :

1. La reproduction humaine normale est sexuelle. Ainsi, la procréation artificielle ne saurait jamais être considérée comme une méthode de remplacement. Dans certains cas exceptionnels, ces techniques peuvent être réservées aux couples désireux d'avoir un enfant, et qui en sont empêchés pour des raisons médicales. En aucun cas doit être mis en place un système capable de fabriquer des « enfants-prothèses » indépendamment des lois naturelles instituées par Dieu : enfants *post-mortem*, enfants de vieillards, familles de vingt, cinquante ou cent enfants uniformes, choisies et choyées par un État bien inquiétant. L'enfant n'est pas un produit de confort individuel ou social. Il est le don de Dieu au couple uni par les liens du mariage.

2. La sexualité *et* la procréation des enfants doivent être limitées au cadre conjugal. Telle est la volonté de Dieu. Toute tentative humaine pour faire autrement n'est qu'un acte de révolte et d'orgueil qu'il nous faut dénoncer courageusement et sans faiblesse. Car toute caricature de l'intention divine nous expose à l'arbitraire et à la déshumanisation la plus monstrueuse, digne du pire « Mr. Hyde »...

3. La famille est l'unité de base de toute société et de toute nation. Elle doit absolument être sauvegardée car ce n'est qu'en son sein qu'un individu peut pleinement se développer du point de vue biologique, moral, social et spirituel. Veillons à ne pas laisser la technologie faire voler la famille en éclat. Attention aux détournements inacceptables des techniques de reproduction artificielle qui sont envisagées au mépris de toutes relations normales entre les parents et les enfants !

L'amélioration des lignées et la sélection des individus sont des idées anciennes qui furent chères à un philosophe, PLATON, à un juriste, VOIRIN, et à un médecin, Adolphe PINARD. Celui-ci, député de Paris, écrivait en 1926 :

« Alors qu'aujourd'hui les horticulteurs ont des congrès, des génétiques où sont étudiées, discutées les questions les plus intéressantes, les plus captivantes concernant la reproduction des végétaux et aussi des animaux, la race humaine seule se reproduit uniquement par le fait du hasard. Garantir, sauvegarder, même avant leur naissance, les générations futures, est le fait essentiel et le seul qui puisse assurer la pleine évolution de l'espèce humaine »[43].

Mais cette idée a déjà conduit aux incroyables expérimentations humaines des médecins d'Adolphe Hitler, pour qui « empêcher la transmission héréditaire des tares devrait être considéré comme une manifestation d'amour envers son prochain, comme une action vraiment sociale »[43].

A la lumière de l'étude qui précède, il apparaît clairement que les recherches biomédicales rendent, ou vont rendre possible *plus* que la guérison. Elles permettent de toucher à l'essence même de l'homme à cinq niveaux, qui sont autant de degrés dans les manipulations des frontières de la vie humaine :

Premier niveau : Au début de la vie, avec la maîtrise totale de la gestation (droit absolu à la contraception et à l'avortement volontaire) puis de la fécondation (insémination artificielle et fécondation *in vitro*). Ces nouvelles techniques de procréation artificielle, nous l'avons vu, permettent d'envisager de nombreux détournements. A l'heure actuelle, nous en sommes au stade où bien des chercheurs proposent de « couper » systématiquement en deux tous les œufs fécondés *in vitro*, de manière à conserver le fameux « double embryonnaire » ; c'est ce que l'on appelle la « caractérisation *in vitro* de la normalité de l'embryon », qui consiste à vérifier que l'œuf fécondé puis implanté est normal, en étudiant les caractéristiques génétiques du double embryonnaire qui aura été sacrifié. Au moindre doute, et comme signalé au chapitre trois, on avorterait la femme qui porte le « jumeau artificiel »...

Deuxième niveau : Manipuler la fin de la vie, avec la survie artificielle d'organes et même d'organismes entiers (ce sont les expériences de cryogénie — ou conservation par le froid — dont les médias parlent épisodiquement).

Troisième niveau : Toucher au support informatif de l'organisme — et par là peut-être à sa destinée — avec les manipulations génétiques. De telles manipulations peuvent se concevoir par le biais de la reproduction asexuée dont nous venons de parler à propos du clonage.

La parthénogenèse en est une autre forme. En grec, « Parthenos » signifie « jeune fille » au sens de « fille vierge ». La parthénogenèse consiste donc à faire diviser un ovule sans l'intervention d'un spermatozoïde. C'est l'Allemand Oskar HERTWIG qui, en 1896, a été le premier à obtenir la division d'œufs d'animaux simplement en les activant avec du chloroforme ou de la strychnine. Dans les années 1930-1940, le phénomène a été rendu possible sur des grenouilles et des lapins. En 1983, l'équipe du docteur LINCOLN, de l'Université d'Édimbourg, a observé *in vitro* les toutes premières phases du développement humain d'un embryon à partir du seul ovule féminin. Cependant, l'embryon avait un caryotype anormal. Or l'une des craintes exprimées par les spécialistes de la F.I.V. est précisément que la parthénogenèse aboutisse à la fabrication d'embryons porteurs de formules chromosomiques anormales, donc à la fabrication de monstres[7]... Cela n'a pas empêché une chaîne de télévision d'interviewer longuement, en septembre 1985, un couple de lesbiennes qui a déclaré que la parthénogenèse serait l'étape ultime de la libération de la femme. L'une des deux femmes s'est déclarée prête à porter l'enfant de son amie et a conclu en ces termes : « cela nous permettrait d'accéder enfin à une société idéale où les hommes seraient parqués d'un côté, et les femmes de l'autre »...

Quatrième niveau : Intervenir sur l'identité de l'espèce en combinant la manipulation et le tri génétique. De telles manipulations permettraient de provoquer chez les êtres vivants des modifications du patrimoine héréditaire par recombinaison de leur ADN, modifications qui se perpétueraient de génération en génération...

Dans l'immédiat, l'objectif visé est une meilleure compréhension des maladies génétiques. Dès maintenant on peut dresser avec une précision déjà considérable des « cartes de prédisposition » pour certaines maladies héréditaires. Mais cela va fatalement poser le problème de savoir s'il faudra développer cette médecine en amont de la médecine préventive. Cette attitude permettrait par exemple de réduire les coûts d'hospitalisation, grâce à un diagnostic extrêmement précoce, portant sur des maladies comme le diabète insulino-dépendant. De plus, en septembre 1985, l'équipe du docteur Enzo PAOLETTI, dans l'État de New York, a annoncé la mise au point du premier vaccin expérimental par génie génétique qui permet d'immuniser des lapines contre l'hépatite B, une variété de grippe et l'herpès simultanément. Dans les années qui viennent, de tels vaccins polyvalents, obtenus par génie génétique, pourront être appliqués chez l'homme ; ils permettront de s'immuniser contre plusieurs maladies virales d'un seul coup tout en réduisant le nombre d'injections.

Enfin, à plus long terme, on peut envisager que la génothérapie, c'est-à-dire la correction des gènes déficients ou l'insertion de gènes nouveaux, puisse intervenir même sur des sujets déjà nés. On trouve aussi des arguments contre cette attitude : n'est-il pas à craindre que de tels progrès aboutissent à mettre chaque individu en « carte génétique », qui ne serait pas toujours utilisée à des fins médicales ? Car qui dit carte de profils génétiques, dit banques de données informatisées. Quelles personnes pourront alors avoir accès à ce genre d'informations... ?*

---

* Note de l'auteur : Les chrétiens intéressés par les dangers de l'informatique liront avec profit les articles « Le chrétien et l'informatique » dans la page

Enfin, comment ne pas mettre en garde contre les autres réalités potentielles de la manipulation génétique, telles que les combinaisons d'origines différentes, la création et le choix de nouvelles espèces ? Comment ne pas dénoncer l'idée abominable selon laquelle on pourrait même, à très long terme, fabriquer des hybrides hommes-animaux ? Le récent feuilleton télévisé « V » a montré quels genres de monstres il pourrait en résulter... La Bible condamne de la manière la plus sévère qui soit l'union de l'homme avec un animal. Il s'agit d'une confusion et d'une malédiction qui en fait un crime passible de mort (Lévitique 18:23 et 20:15-16 ; Exode 22:19 ; Deutéronome 27:21).

Il est donc absolument indispensable de veiller à ce que les acquisitions dans le domaine des manipulations génétiques ne se prêtent ni à un racisme autoritaire, ni à une quelconque abomination. Des dispositions, fruits d'une réflexion communautaire universelle, devraient être adoptées par les savants du monde entier. Un colloque, organisé par le Conseil de l'Europe, a récemment souligné la nécessité d'éviter de créer des « refuges », c'est-à-dire des pays dans lesquels la recherche et ses applications ne feraient l'objet d'aucune réglementation et où se précipiteraient, sans souci de l'avenir, les couples les plus démunis sur le plan de la stabilité. Puissent les douloureuses expériences des interventions réalisées chez les transsexuels outre-mer nous servir de leçons...

Sinon que serait dans quelques décennies ce médecin qui ne craint pas de mutiler sans motif médical, d'interrompre la vie de l'embryon comme celle du vieillard, de l'incurable ou du handicapé, peut-être de pratiquer non pas des essais thérapeutiques légitimes mais l'expérimentation sur le fœtus et sur

---

des jeunes de la revue « CHRIST SEUL » n° 11/1985, 3, route de Grand-Charmont, 25200 MONTBÉLIARD. P. HEGE y démontre que les moyens informatiques permettent technologiquement la réalisation des promesses et révélations des temps de la fin. Selon lui, cela signifie que le retour de Jésus-Christ est proche.

l'homme sain ? Que resterait-il alors de sa vocation de protecteur de la vie et de l'individu ? Qu'en serait-il de la confiance essentiellement nécessaire au malade ? La médecine serait-elle encore assez humaine pour ne pas connaître des excès pourtant déjà stigmatisés ?

Cinquième niveau : Manipuler l'identité personnelle, les orientations relationnelles et les capacités intellectuelles grâce aux interventions neuro-cérébrales. De telles manipulations mettraient bien sûr en cause l'intégrité, l'individualité et la liberté de chaque individu...

Certains lecteurs ont peut-être vu le film expressionniste allemand de Robert WIENE, datant de 1924, et intitulé : *Les mains d'Orlac.* Le héros, pianiste célèbre, perd ses deux mains lors d'un accident de chemin de fer. Un chirurgien lui en greffe de nouvelles. Le donneur est, malheureusement, un criminel que l'on vient d'exécuter. Orlac constate avec horreur que ses nouvelles mains continuent d'être celles du criminel : il écrit, et c'est l'écriture du mort qu'il a devant les yeux. Il ne peut plus jouer du piano et se sent irrésistiblement attiré vers le crime...

*

* *

La Commission déontologique du plus important syndicat de médecins anglais a suggéré d'imposer un moratoire sur l'ensemble de ces questions, de crainte que ne soit ouverte la porte de l'eugénisme. Un moratoire supposerait qu'on s'arrête pour réfléchir sur les risques d'un « meilleur des mondes » horizon 2000. Car les étapes qui nous séparent actuellement d'une telle fiction sont bien plus des étapes éthiques, sociales et psychologiques que des étapes scientifiques et techniques. Dans ces conditions et comme le disait RENAN : « le moyen d'avoir raison dans l'avenir est, à certaines heures, de savoir se résigner à être démodé »...

D'après le Professeur Étienne MARTIN, les problèmes de la recherche en biologie en sont au stade où les menaces de régression et de mort paraissent tout aussi importantes que les progrès qu'elle permet : « De même que l'homme a pu maîtriser et dominer la matière, de même il peut maîtriser le fondement de la vie qu'est l'ADN. Devant cette maîtrise et cette connaissance, il y a deux types de savoir, deux types d'attitude :

— Une attitude de savoir qui est de l'ordre de la connaissance et de la compréhension au service de l'homme.

— Une attitude qui est au contraire de l'ordre dc la tentation ou de la convoitise du pouvoir.

Là il nous faut faire un choix. Car nous sommes responsables de nos choix »[44].

Ces choix sont d'autant plus importants que la recherche biomédicale actuelle pose des questions qui sont fondamentales : quels sont les enjeux profonds qui se situent derrière l'utilisation de l'ensemble de ces possibilités techniques ? Cherche-t-on seulement à guérir ? Ou cherche-t-on à gérer l'apparition et la disparition de l'homme, voire même à transformer éventuellement l'homme ? Enfin, les possibilités de maîtrise, au nom de quoi les maîtriser ?

A ces questions, la Bible offre des éléments précis de réponse. Bien sûr, les textes bibliques n'édictent pas des règles de conduite à saisir à la lettre sur des questions qui n'étaient pas alors d'actualité. Mais nous pouvons extraire des Saintes-Écritures l'esprit (plutôt que la lettre) qui peut nous servir de guide. C'est ainsi que nous devons nous opposer aux manipulations génétiques sur la base d'un concept biblique précis issu de la loi de Moïse. Il s'agit de la notion du terme hébreu « Kilaïm » qui exprime le respect profond de l'identité ainsi que l'opposition aux mélanges. La notion de développement des mélanges est associée à celle de violation du respect des personnes et de l'amour du prochain, puisque le terme « Kilaïm » se trouve dans le texte à côté du commandement : « Tu aimeras ton prochain comme toi-même. »

Ainsi, le respect de l'identité de tout individu interdit qu'on se livre sur du « tissu humain » à des expériences et à des utilisations qui risqueraient d'altérer gravement sa personnalité comme sa filiation. Pour nous, la destinée éternelle de l'homme oblige à respecter le caractère sacré d'un individu dès sa conception et, par conséquent, à s'interdire absolument tout ce qui porterait atteinte à son intégrité et à sa dignité. Jésus-Christ accepte les êtres humains tels qu'ils sont. Il aime chaque homme et chaque femme du monde, quelles que soient leur constitution biologique ou leur position sociale ou politique. Il nous aime, vous, et moi tels que nous sommes, dans notre humanité et avec tous nos manquements.

Là se pose la grave question des limites de la recherche médicale. La Bible nous enseigne que Satan est un être créé, un ange qui s'est rebellé contre l'autorité souveraine de Dieu et qui fut précipité du ciel sur la terre (voir Apocalypse 12:7-9). Il est l'ennemi de l'homme, cherchant à le séparer de Dieu et à le détruire. Aussi essaie-t-il de l'entraîner dans la rébellion contre l'autorité de Dieu. Et de fait, par sa puissance technologique extraordinaire, l'homme d'aujourd'hui convoite le pouvoir. Mais il n'est pas un dieu incarné ou déguisé, pas plus qu'il n'est le créateur de la vie.

Ainsi toute attitude humaine caractérisée par l'orgueil et par la rébellion contre l'ordre créationnel est condamnable. De même que toute action dénotant une rivalité contre Dieu. La procréation artificielle peut donc être envisagée en tant que solution technique exceptionnelle et ponctuelle à un problème de stérilité conjugale. Mais toute technique qui prétendrait être un système de procréation **parallèle**, ou qui viserait à fabriquer un homme à l'image de l'homme, doit être formellement rejetée.

Je pense que si l'homme n'établit pas lui-même des garde-fous, c'est Dieu qui le fera ! En effet, la Bible nous donne de nombreux exemples de la toute-puissance de Dieu. Il anéantit les desseins des grandes nations. Il maîtrise la nature. Il est le créateur de toutes choses, le juge des hommes et celui qui jugulera les forces du mal. Enfin, celui qui donne le souffle de vie peut le reprendre quand il le veut. Ainsi, tout jeu avec la vie humaine qui menacerait l'intégrité de l'homme créé à l'image de Dieu (clonage, parthénogenèse, hybrides hommes-animaux, etc.) entraînera, je le crois, une riposte de Dieu, son intervention directe comme du temps de la tour de Babel (Genèse 11:1-9). Ne serions-nous pas là devant un des signes annonçant le retour du Seigneur ?

Jamais les manipulations génétiques ne pourront transformer un être humain, parce que l'homme porte dans sa nature même les conséquences de la chute, à savoir le péché et la mort. Jésus-Christ seul peut transformer complètement la vie d'un homme par le salut qu'il lui offre.

Jamais les manipulations génétiques n'apporteront l'immortalité à l'homme, car Dieu nous a créés mortels et finis. Jésus-Christ seul peut donner la vie éternelle. Il désire vous la donner *maintenant* pour peu que vous la lui demandiez. Acceptez Jésus comme votre Sauveur et Seigneur. Venez à lui *aujourd'hui*, confessez-lui vos péchés et appropriez-vous par la foi la nouvelle vie qu'il vous donne.

Jésus-Christ seul peut nous donner, vous donner en tant qu'individu, et par l'action de son Esprit en vous, la paix, la joie, l'amour, la compassion envers le prochain, la patience, ces valeurs essentielles que la technologie froide et impersonnelle ne saurait nous apporter. Car notre monde moderne ne souffre-t-il pas davantage de ses tares morales et spirituelles que de ses tares génétiques ?...

Chapitre 8

LE « JE » DE LA VIE

Finalement, ce fut à Paris que je revis Jean-François. Nous eûmes d'abord un long moment de partage, à l'issue duquel il me sembla que la question obsédante du don de son sperme était définitivement réglée pour lui.

Et puis, comme il faisait très beau en cette après-midi d'automne, nous décidâmes de faire une promenade à l'Orangerie et au jardin des Tuileries. Les rayons de soleil, filtrant à travers les arbres qui se dénudaient, rehaussaient l'éclat doré des feuilles qui, après s'être détachées une à une, tournaient, glissaient et virevoltaient en un dernier ballet silencieux. L'automne sonnait dans sa trompette d'or et rameutait des familles entières, enivrées par la douceur de cette journée d'octobre. Les enfants s'ébattaient, qui shootant dans les tas de feuilles mortes, qui suivant d'un regard ébahi les évolutions de quelques tourterelles mécaniques que faisaient voler des marchands ambulants africains.

C'est en arrivant vers le Louvre que, le premier, Jean-François rompit le silence :

— Je me demande bien ce qu'ils vont devenir tous ces gosses...

— Pourquoi ?

— Parce que je ne sais pas quel genre d'avenir nous sommes en train de leur préparer. J'espère qu'ils n'auront pas trop honte de nous !

Puis, se tournant vivement vers moi : « As-tu déjà imaginé notre Amandine nationale lorsqu'elle sera grand-mère en l'an 2050 ? »

— Non, pas vraiment ! rétorquai-je dans un grand éclat de rire.

— Moi si ! Je l'imagine entourée de l'un de ses petits-fils qui, comme beaucoup d'enfants de sa génération, a été conçu dans une éprouvette et s'est développé pendant neuf mois *in vitro* : dans un bocal « du sperme à son terme » ! Donc, si on réfléchit bien, un tel enfant n'est jamais « né » au sens obstétrical du terme !

— Et pourtant il est l'enfant d'un homme et d'une femme, il est le fils de ses parents biologiques !

— Oui, mais il n'a pas d'anniversaire ! Ou plutôt si, il en a deux par an : celui du jour de sa conception *in vitro*, et celui de l'instant où, après neuf mois de développement dans une matrice artificielle, on a décidé d'ouvrir le bocal... !

— Félicitations, Jean-François, tu as l'imagination fertile !

— Attends, ce n'est pas tout : j'imagine donc cet « enfant-bocal » lorsqu'il sera adolescent. Un jour de déprime, il se rend chez grand-mère Amandine qui va lui projeter le film de sa conception et de son développement *in vitro*. Là, sur l'écran, tout est clair, précis et transparent. Tout se passe comme si le secret de ses origines, dont il pressent l'existence, avait été simplement nié, gommé, renvoyé de l'autre côté de l'écran. Et de se retrouver, après la séance de projection, encore plus triste et plus déçu...

— En quelque sorte, il voudrait donc « remythifier » quelque chose qu'on a démythifié ?

— C'est exactement cela ! Il ne veut pas, il ne peut pas croire qu'il n'y ait rien à cacher quant à ses origines.

— Je vois : il rêve au mystère de la scène primitive où, au lieu d'avoir été fabriqué au vu et au su de tout le monde, il aurait été procréé dans le secret et dans l'intimité conjugale !

— Absolument ! Mais cessons de rêver : quelles solutions concrètes proposes-tu, toi, pour la recherche médicale ?

— Regardons la situation bien en face : c'est vrai qu'on peut s'inquiéter, s'exclamer que la science s'emballe ou que les hommes sont inconscients, mais on ne peut pas se boucher les yeux : les nouvelles techniques sont là, opérationnelles. Ainsi notre réponse dans une perspective chrétienne est une chose, et faire stopper éventuellement les recherches en est une autre qui, à mon avis, est illusoire et utopique.

— Que veux-tu dire, précisément ?

— Que nous avons le devoir de dénoncer la philosophie humaniste matérialiste athée qui sous-tend toutes ces pratiques. Nous devons réaffirmer avec force l'inviolabilité de la personne humaine ; rappeler à nos contemporains que toute pratique médicale n'a de valeur réellement humaine que dans le cadre d'une éthique chrétienne ; dire haut et fort que l'homme n'existe et ne peut être heureux sur la terre que dans la mesure où il reste dépendant de Dieu...

— Donc dans la mesure où il agit en tant que créature et où il ne se prend pas pour le Créateur, n'est-ce pas ?

— Oui. Mais il y a un problème : il est malade, atteint d'une affection que la Bible appelle « le péché » et qui détruit son être *intérieur*. De sorte que l'homme malade — le pécheur — va être conduit à commettre, en fin de compte, des actes destructeurs et le mal. Il est incapable de s'améliorer lui-même, en dehors de Dieu, même par les manipulations génétiques les plus audacieuses...

Seul Jésus-Christ, par sa mort expiatoire sur la croix et sa résurrection, peut guérir cette maladie du péché, et le Saint-Esprit nous remplir de cette vie nouvelle. Notre responsabilité majeure est donc de faire passer le message du changement de l'homme à partir de son être intérieur et *non de l'extérieur* !

— Exactement, répondit Jean-François après un long moment de silence. Puis se tournant vers moi : « Voilà donc notre réponse en tant que chrétiens. Mais si je t'ai bien compris, en pratique, ce n'est pas aussi simple que cela... »

— En pratique, ce qui compte avant tout, c'est de proclamer que le changement de l'homme ne peut s'effectuer qu'à partir de son être intérieur. Voilà le fond du problème. Et c'est là que chaque chrétien a sa part de responsabilité en tant que témoin de la Puissance de Dieu pour transformer une vie humaine.

Cela dit, il ne faut pas se leurrer et bien se rendre compte du potentiel extraordinaire de la recherche médicale. Les recherches en biologie humaine continueront, que nous le voulions ou non. Le problème est donc de les canaliser dans le bon sens ; pour ce faire, la première étape est de constituer des comités d'éthique, multidisciplinaires, composés de chrétiens à la fois bien informés et compétents, et si possible capables de faire respecter leurs décisions. De tels comités seraient donc invités à élaborer une plate-forme de propositions éthiquement acceptables, qui permettraient à la recherche médicale de progresser dans certains domaines bien précis, à l'exclusion des autres.

— Alors quels sont les domaines concrets où il te semblerait légitime de favoriser les recherches en biologie humaine ?

— D'abord il convient de préciser *l'objectif visé*, car il n'est pas question que les succès médicaux fassent la loi n'importe comment. Cet objectif est clair : il s'agit de lutter contre la stérilité, dans le cadre conjugal et à l'aide de moyens techniques qui ne sauraient être admis qu'exceptionnellement et ponctuellement. Cela implique le refus d'une éthique médicale dominée par la course à la notoriété où ce que pense untel ou untel devient la référence morale du moment. Non, trois fois non à ce « je » de la vie ! Cela implique aussi de refuser le jeu avec la vie humaine...

— Il y a donc des choix à faire ?

— Absolument. L'objectif à atteindre doit être très précisément défini. Puis il doit faire l'objet d'un consensus. Alors seulement on pourra délimiter trois paliers techniques pour y parvenir, lorsque les méthodes traditionnelles de traitement de la stérilité ont échoué. Premier palier : développer les recherches en matière d'insémination intraconjugale, de manière à optimiser les résultats actuels.

— Insémination intraconjugale, mais à l'exclusion de l'insémination *post-mortem* ?

— Oui, car le projet de venue d'un enfant doit s'insérer dans le cadre conjugal. Un enfant n'est pas *le moyen* de raviver le souvenir d'un père malheureusement disparu. L'enfant est le *don de Dieu* à un homme et à une femme qui, unis par les liens du mariage, auront la responsabilité d'en être ses parents. Ils l'élèveront, l'aimeront, l'aideront à devenir un adulte et, si possible, lui donneront des frères et sœurs...

— Quant à l'I.A.D., nous en avons souvent parlé ensemble à propos de don de sperme, tu n'acceptes aucune de ses indications, n'est-ce pas ?

— Non. Les dons de sperme — tout comme d'ailleurs les dons d'ovule — en permettant à une tierce personne de s'immiscer dans le cadre conjugal sont des pratiques en contradiction formelle avec l'éthique du mariage biblique. Mieux vaut pour un couple stérile adopter un enfant qui lui est totalement étranger, que d'en avoir un qui soit le sien à 50 % ; car ces enfants « à 50 % » courent le risque de ne pas être véritablement acceptés par les deux conjoints comme étant « leur » enfant. Je crains alors que l'augmentation d'une population d'enfants sans vraies racines pose des problèmes à la société. Mais nous en reparlerons à propos du troisième palier technique.

— D'accord. Alors auparavant, quel est le deuxième palier ?

— La FIVETE. Fin mars 1985 naissait Joël, le premier bébé FIVETE marseillais. Pour beaucoup de gens, cette naissance est passée complètement inaperçue, alors qu'en fait la réussite de cette FIVETE s'est située à un niveau important : non seulement c'était la première tentative réussie d'une équipe marseillaise, mais surtout ce fut une FIVETE pour laquelle *un seul* embryon (et non trois ou quatre comme habituellement) avait été transféré. Voilà une donnée importante du point de vue de l'acceptabilité éthique.

En ce qui me concerne, je pense que dans certaines situations exceptionnelles de stérilité tubaire, un couple chrétien peut envisager une FIVETE si telle est sa conviction personnelle et sa décision devant Dieu et les hommes. En effet, ce n'est que dans le cadre conjugal là encore qu'une telle pratique peut resserrer les liens des époux et embellir leurs relations humaines. La FIVETE n'est légitime que dans la mesure où elle aide des conjoints à avoir un enfant issu de leurs entrailles, produit de leur union. Dans ce cadre, la FIVETE dessert un objectif thérapeutique, à condition que soient respectés le contexte d'amour matrimonial et le lien conjugal.

— Donc, utilisée pour permettre à n'importe qui d'avoir un enfant en dehors des obligations et des liens matrimoniaux, la FIVETE serait dangereuse pour la société ?

— Je le crois. Pour que la FIVETE soit éthiquement acceptable à une plus grande échelle, certains points devraient être précisés très clairement et des modalités techniques modifiées ou supprimées :

1. Affirmer que la FIVETE soit légitime dans certaines circonstances ponctuelles ne signifie pas qu'il faille *toujours* l'utiliser dans ces circonstances-là. Son utilisation à grande échelle ne doit pas faire oublier le traitement chirurgical de l'obstruction tubaire ; ni le fait qu'il s'agit d'un *ultime recours* où l'on essaye de remédier à un élément manquant du mariage : la venue d'un enfant. Car même si ce moyen artificiel de reproduction permet une fois ou l'autre au dessein de Dieu de s'accomplir dans le cadre du mariage, la FIVETE n'en reste pas moins un geste technique et impersonnel. A l'instant de la conception, le couple ne s'unit pas physiquement comme dans la fécondation normale, et leur « connaissance » complète n'est pas réalisée. Cette absence d'intimité peut donc être exceptionnellement acceptée si l'objectif visé est de vaincre un cas de stérilité tubaire. Mais la FIVETE ne saurait être légitimée à grande échelle si, dans l'esprit de ses défenseurs, il s'agit de court-circuiter de plus en plus systématiquement le processus normal de procréation humaine, ce qui reviendrait à le déshumaniser.

2. L'hyperstimulation des ovaires et le recueil de plusieurs ovules : d'accord sur le principe, mais à condition de ne pas les féconder tous ensemble. Car il y a une distinction fondamentale entre un ovule non fécondé et un œuf : l'ovule n'a pas de statut spécial puisque toute femme élimine au courant de sa vie des milliers d'ovules sans qu'ils soient fécondés. Il faudrait donc étudier les moyens de conserver un ovule *non fécondé*. Cela réalisé, à chaque tentative de FIVETE, on ne transférerait à la femme stérile qu'un seul de ses ovules préala-

blement fécondé *in vitro* par le sperme de son mari. Voilà un défi technique à relever qui pourrait canaliser dans le bon sens la science et l'habileté de nos chercheurs et de nos biologistes. Cela permettrait de supprimer les banques d'embryons ainsi que la pratique de la congélation des embryons que je juge tout à fait inacceptable d'un point de vue éthique.

3. Suppression et interdiction absolue de toute expérimentation sur les embryons...

— D'accord sur le principe. Mais en pratique, l'expérimentation sur les embryons n'est-elle pas inévitable pour faire progresser la recherche, ainsi que l'affirme le docteur EDWARDS ?

— J'ai lu ses déclarations. Il prétend que l'expérimentation sur les embryons permet de mieux comprendre le développement humain, et donc de mieux s'armer pour combattre la stérilité. Mais n'est-ce pas là que la partie visible de l'iceberg ? Car le fond du problème, c'est le statut de l'embryon avant sa réimplantation. Alors de deux choses l'une :

• Ou bien le jeune embryon n'est même pas une « chose vivante », mais seulement une sorte de parasite passif qui dépend de l'utérus pour se développer réellement, ainsi que l'affirmait le journal anglais *Nature* dans son éditorial du 28.4.1983. Dans ces conditions, on peut accepter de mettre les différents types de tissu embryonnaire en culture *in vitro*... On peut autoriser des recherches sur la contragestion, le traitement de la stérilité et des maladies congénitales en suggérant — comme les Anglais — de ne plus réimplanter de tels embryons expérimentaux dans un utérus féminin... On peut même admettre les expérimentations embryonnaires jusqu'au 17e jour après la fécondation, en arguant que ce n'est qu'à partir de ce moment-là que le système nerveux central commence à se développer[22]...

• Ou bien l'embryon, contrairement à l'œuf non fécondé, se trouve aux premiers stades de la vie humaine. Dans ces conditions, nous devons le respecter, non pour les droits qu'il pourrait revendiquer, mais pour ce qu'il est en tant qu'être humain. Quel que soit le degré de précocité de son développement, il possède tout le potentiel d'une nouvelle vie humaine. L'œuf humain est humain de par ses origines, et appelé à devenir un être humain à part entière. Et puis, le moyen par lequel une information scientifique est obtenue est plus important que l'information elle-même. Si l'information est obtenue par des moyens que l'éthique réprouve, il est fort probable qu'elle sera utilisée à des fins inacceptables. Si des embryons humains, quel que soit leur stade de développement, sont produits avec le dessein bien arrêté de fournir une simple information scientifique, celle-ci est hypothéquée par le fait qu'elle a été obtenue au prix du sacrifice d'une existence humaine à son début !

— Pourtant si tu admets la légitimité de la FIVETE, tu dois au moins admettre un certain degré de manipulation sur les embryons...

— Ne confondons pas manipulation et expérimentation. Toute manipulation sur un embryon humain doit absolument veiller à respecter l'identité d'un être dont la vie est humaine parce que le fait biologique de la fécondation est un fait humain. Ainsi la manipulation simple, qui consiste à replacer dans l'utérus de sa mère un œuf fécondé *in vitro* est acceptable. Par contre, toute manipulation comportant quelque expérience que ce soit sur un être humain en devenir est inacceptable, dès lors que le but visé n'est pas de lui donner les soins dont il a médicalement besoin.

— Donc, à la limite, si sa réussite dépendait absolument d'expériences diverses à mener sur les embryons, tu serais opposé à la FIVETE ?

— Absolument. Il y a une certaine ambivalence dans l'évaluation d'une technique comme la FIVETE, car la question n'est pas de savoir si elle est entièrement mauvaise et donc définitivement condamnable, ou entièrement bonne et donc totalement acceptable. A mon avis, la FIVETE ne saurait être légitimée que dans le cadre d'un replacement pur et simple d'un ovule fécondé *in vitro* par le sperme de son mari à une femme atteinte de stérilité tubaire. Il y a là un seuil à ne pas franchir pour que la science rende manifeste sa conscience d'être au service de l'homme, en le respectant.

Or la technique de la F.I.V. est subversive en puissance en ce qu'elle nous donne le pouvoir de faire plus que ce qu'il nous est permis de faire ! Ainsi, la science doit absolument poser des limites à ses interventions, et marquer qu'elle renonce à exercer, de fait, une violence. Car il ne nous est pas permis de faire tout ce que nous pourrions faire...

— Et pourtant, tu évoquais la possibilité d'un troisième palier technique ?

— C'est vrai ! Mais là je tiens à préciser d'abord qu'il s'agit d'une suggestion personnelle qui n'engage que son auteur. Ensuite qu'une telle proposition devrait être minutieusement analysée par des comités d'éthique compétents avant d'être déclarée acceptable. Enfin, que dans mon esprit, elle ne saurait être envisagée que dans une seule indication : la lutte contre l'avortement volontaire. C'est dire la motivation exigée par ceux qui l'appliqueraient...

— Tu me mets l'eau à la bouche ! De quoi s'agit-il ?

— Du problème de la grossesse adoptive...

— Ah bon ! Peux-tu m'expliquer en quoi cela consiste ?

— Eh bien, d'abord un mot d'historique : en juillet 1983, l'équipe du docteur John E. BUSTER, à l'Université de Los Angeles, annonçait le transfert réussi chez deux femmes stériles d'embryons de huit jours. Particularité de ce transfert embryonnaire : les embryons avaient été le fruit d'une insémination artificielle *in vivo* d'un ovule d'une femme « donneuse d'ovules » avec le sperme du mari de la femme stérile. Donc l'œuf est fécondé *in vivo*, dans l'utérus de la donneuse. Mais à partir de là, et contrairement à la grossesse chez une mère porteuse, l'œuf est *récupéré* par simple lavage utérin au cinquième jour après la fécondation alors qu'il se trouve au stade de 14 cellules. Puis il est réimplanté par voie vaginale et sans autres difficultés dans l'utérus de la femme stérile qui devient dès ce moment-là sa mère adoptive.

Ces deux « mères stériles » ont accouché sans problème au début de 1984. Désormais, la réussite de cette méthode est prouvée, et intéresse énormément les spécialistes américains qui la jugent plus efficace, moins onéreuse, et plus sûre à long terme que la FIVETE. En effet, alors que dans la FIVETE la fécondation se fait *in vitro*, cette technique permet un transfert embryonnaire en toute simplicité et sans aucune intervention chirurgicale[45].

En France, elle se pratique sous le nom de T.G.V. (transfert de gamètes *in vivo*).

— Oui, mais éthiquement parlant, elle n'est pas acceptable puisque tu viens de rappeler que tu es contre les dons d'ovules !

— C'est exact. Une grossesse adoptive avec donneuses d'ovules a deux grands inconvénients :

1. Qui dit dons d'ovules, dit introduction d'une tierce personne dans le cadre conjugal, ce qui est éthiquement inacceptable.

2. Qui dit dons d'ovules à grande échelle, a une arrière-pensée commerciale. « Fertility and Genetics Research Inc. », la firme américaine de Chicago qui a financé l'opération, projette d'ouvrir plusieurs cliniques à travers les États-Unis où cette méthode sera exploitée ; elle a l'intention d'informatiser le réseau des donneuses et des receveuses qu'elle possède déjà, de façon à faire coïncider le mieux possible leurs traits génétiques respectifs...

Or dans le cadre d'un authentique programme de lutte contre l'avortement volontaire, ces inconvénients disparaîtraient : en effet, pourquoi les candidates à l'I.V.G., plutôt que de faire aspirer leur embryon en vue de sa destruction ne l'abandonneraient-elles pas en vue de son adoption immédiate par une femme stérile ?

Rêvons un peu : le terme d'I.V.G. deviendrait caduque, puisqu'en généralisant le transfert systématique d'une femme refusant son enfant à une femme qui l'accepterait, nos avortoirs se transformeraient en services d'A.V.G. composés de deux salles contiguës : dans la première, une femme pratiquant un « abandon volontaire de grossesse » et dans la seconde une autre acceptant une « adoption volontaire de grossesse » !

— Voilà une idée vraiment géniale ! Mais en pratique, quels

sont les impératifs techniques pour qu'un tel transfert réussisse ?

— Essentiellement que le cycle ovulatoire de la receveuse coïncide avec celui de la donneuse, et que le diagnostic de la grossesse non désirée soit fait à un stade très précoce. Accessoirement, que l'on arrive à affiner la technique pour éviter chez la donneuse les risques d'infection, de grossesse extra-utérine ou d'échec du transfert lorsqu'on ne peut récupérer l'œuf normalement implanté. Mais encore une fois : voilà quelques défis technologiques que nos chercheurs pourraient facilement relever, permettant ainsi à la science médicale de renoncer au moins partiellement à l'exercice de cette affreuse forme de violence qu'est l'avortement volontaire.

— Et puis il faudrait qu'une telle adoption prénatale fasse l'objet de dispositions juridiques très précises, étant entendu, je pense, que l'anonymat serait strictement respecté.

— Bien sûr. Mais ce qu'il me paraît essentiel de souligner, c'est l'avantage psychologique indiscutable d'une telle grossesse adoptive. Déjà, en ce qui concerne l'adoption légale, tous les spécialistes s'accordent à souhaiter sa précocité dans l'intérêt de l'enfant. Car le nourrisson a besoin d'une continuité affective chaleureuse, base d'une personnalité harmonieuse. Dès les premiers instants de sa vie, en effet, un nourrisson a autant besoin de « s'attacher » à sa mère et de se lier avec elle que de manger.

— C'est ce que le docteur Berry BRAZELTON, le champion américain de la relation mère-bébé, démontre clairement dans son dernier ouvrage *Trois Bébés dans leur famille*...

— Exactement. On le sait désormais, le bébé dispose de ses cinq sens à la naissance : il peut, par exemple, suivre du regard un objet contrasté ou un visage situé à bonne distance ; il cherche des lèvres le doigt qui le caresse, finit par s'habituer aux gênes auditives ou visuelles, reconnaît la voix de sa mère, etc. En France, dans le laboratoire de psychophysiologie d'Hubert MONTAGNER, à Besançon, on étudie des liaisons encore plus spécifiques : les caresses, les effleurements, les baisers et autres subtilités tactiles, qui permettent d'excellents dialogues entre la mère et son enfant, mais aussi les odeurs. On sait maintenant que le bébé et sa mère apprennent rapidement à se reconnaître et à communiquer par le nez !*

Ainsi, le bébé noue très tôt avec sa mère des échanges, des « interactions », comme le dit le Professeur MONTAGNER, qui se caractérisent par leur richesse et leur précocité. L'appétence relationnelle du nourrisson en fait un « être actif à l'égard du monde extérieur » comme le confirme Henriette BLOCH, directrice du laboratoire de psychobiologie de l'enfant à Paris[46].

Or le problème dans l'adoption précoce, c'est que souvent les parents adoptifs ne sont pas préparés, comme pour une naissance, à la capacité d'identification au nourrisson. L'harmonisation affective, par exemple, leur demandera beaucoup plus qu'à de vrais parents qui ont attendu, porté et élevé leur bébé...

— D'où l'intérêt des grossesses adoptives !

— Oui. Car d'après les expériences du docteur BRAZELTON et du Professeur MONTAGNER, on sait maintenant que c'est *dès la vie intra-utérine* que le fœtus est un être sensible doté de mémoire et de capacités d'apprentissage. Les pensées, les sentiments, le comportement de la mère pendant la grossesse influencent le bébé et réciproquement : tout s'enregistre et oriente, dans un sens favorable ou défavorable, le développement relationnel futur de bébé. Ainsi les deux grands avantages d'une grossesse adoptive dans le cadre d'un programme de lutte contre l'I.V.G. seraient :

1. De régler à la fois le problème d'une grossesse non désirée et celui d'une grossesse ardemment souhaitée.

2. D'établir dès le début de la vie de cet embryon adopté

---

* Note de l'auteur : Benoît SCHAAL, l'un des chercheurs, estime que l'on peut parler d'odeurs « sociales », car elles sont véritablement associées à des comportements. On peut, par exemple, endormir un bébé insomniaque en lui faisant renifler un tissu imprégné de l'odeur maternelle. Selon un pédiatre britannique, une mauvaise « communication olfactive » pourrait même engendrer des difficultés réelles dans les relations mère-enfant. « Docteur, je ne peux pas sentir mon bébé ! » Au sens propre comme au sens figuré !

une relation mère-enfant de qualité supérieure, l'enfant n'étant pas rejeté mais au contraire ardemment désiré.

C'est d'ailleurs dans cet esprit-là que le docteur TREMBLAY, président du Cartel des Groupements de Personnes pour le Respect de la Vie, considère une telle adoption comme étant acceptable[47].

— Dernier problème : les géniteurs d'un tel enfant étant inconnus, quelle attitude adopter face à la question de l'hérédité ?

— Sur ce point, je crois qu'il faut bien se rendre compte que la question de l'hérédité se situe dans un contexte radicalement différent selon qu'il s'agit d'une adoption ou d'un don de gamètes : dans l'adoption, qu'elle soit pré- ou postnatale, il n'y a pas de tiers étranger qui vienne faire écran entre l'homme et la femme ; il s'agit simplement d'accueillir un enfant *qui est là*, abandonné ou orphelin.

Par contre, le problème essentiel de l'I.A.D. ou du don d'ovule est l'ingérence d'une tierce personne dans le cadre conjugal au moment où il y a *projet* de procréation. Averti des problèmes que pose une telle ingérence, et en particulier de celui du caractère spécifique des gamètes humains, véhicules de l'hérédité, j'estime qu'un couple ne saurait accepter de mettre en route l'une de ces procédures. Car tôt ou tard, elles risquent de déstabiliser l'entente conjugale :

• d'abord au début, lorsqu'il s'agit de prendre la décision de procréer. En effet, l'homme et la femme ne se retrouvent plus à égalité dans le projet de procréation, puisque l'un des deux va pouvoir concrétiser sa fécondité aux dépens de l'autre qui est stérile. Ils ne s'accueillent plus avec cette blessure de la stérilité qui marque l'un ou l'autre. Ils ne se prennent pas en charge dans leur totalité personnelle, tels qu'ils sont en tant que couple stérile ;

• mais cette ingérence est déstabilisatrice par la suite également, quand l'enfant est là ; en effet, il n'est le leur qu'à 50 %, donc biologiquement semblable à un enfant adultérin.

— Si je te comprends bien, le danger c'est plutôt l'inégalité des rôles des conjoints dans le processus de procréation lorsqu'ils acceptent l'I.A.D. ou le don d'ovule ?

— Absolument. Dans l'adoption, les époux se prennent en charge dans une souffrance partagée et se trouvent *à égalité* dans un projet commun : donner des parents à un enfant qui n'en a pas, et l'accepter tel qu'il est, avec ses caractéristiques génétiques spécifiques, à 100 % différentes des leurs.

— Que faire alors quand surviennent les difficultés d'intégration dans la famille adoptive, ou bien quand le comportement de l'enfant surprend les parents ?

— Beaucoup de parents adoptifs, précisément, éprouvent l'angoisse d'une éventuelle hérédité pathologique de l'enfant adopté, et cela constitue la source de bien des conflits. C'est la raison pour laquelle la préparation de l'adoption est capitale. Car les difficultés proviennent le plus souvent des adoptants qui sont insuffisamment préparés ou soutenus.

Il faut bien se rendre compte que l'adoption est généralement la conclusion d'une longue et douloureuse épreuve qui est la découverte d'une stérilité par un couple. Dans ces conditions, comment les adoptants vont-ils surmonter cette atteinte définitive et radicale de leur idéal du Moi ? Comment vont-ils assumer ce « plus jamais » lié à l'idée de la stérilité ? C'est de la réponse à ces questions que dépend la qualité du rôle parental des adoptants. Car l'enfant adopté a sa personnalité et son individualité. Il a ses caractéristiques génétiques et une hérédité qui lui sont propres et qui doivent être acceptées par les parents.

Si celles-ci venaient à créer des comportements incompréhensibles ou bizarres, nous avons une possibilité extraordinaire d'affronter cette situation dans la foi au Christ-Jésus. Cela est vrai pour tous les enfants, qu'ils soient légitimes ou adoptés. Dans tous les cas, nous avons à prendre à notre compte et pour nos enfants cette promesse formelle de la Bible :

« Vous savez que ce n'est point par des choses périssables — argent ou or — que vous avez été rachetés de la vaine manière de vivre héritée de vos pères, MAIS PAR LE SANG PRÉCIEUX DE JÉSUS-CHRIST » (1 Pierre 1:18-19).

L'ombre des grands arbres s'allongeait. Le soleil descendait rapidement à l'horizon et la fraîcheur de la soirée nous gagna bientôt. Tandis que Paris s'empourprait dans une fine robe de brume, l'instant de nous quitter arriva.

Derniers regards, derniers sourires complices. Nous parcourûmes les derniers mètres en silence, goûtant le privilège de se savoir aimés par Dieu, heureux de vivre une vie véritablement humaine. Dernier signe de main. Puis un visage qui s'évanouit dans la foule et qui disparaît. Mais une amitié qui s'est forgée peu à peu, avec le temps, et qui demeure...

*

* *

LA MÉDECINE DU DÉSIR

Il y a quelques années, dans l'État du Michigan, une mère porteuse avait accepté, moyennant 10 000 dollars, de se faire inséminer avec le sperme d'un homme dont la femme était stérile. Mais l'enfant est né microcéphale et a été rejeté à la fois par sa mère biologique et par le père qui affirmait qu'il n'était pas de lui. Dans un premier temps, le petit garçon a été confié à un orphelinat. Par la suite, les tests faisant apparaître que l'enfant avait été conçu par le propre mari de la mère porteuse, ses parents légitimes ont dû accepter de le garder...

Cette pénible affaire a attiré l'attention sur les dangers des techniques de procréation artificielle : partant peut-être d'un bon sentiment (venir en aide aux couples sans enfant), elles risquent de traiter l'enfant comme un bien de consommation qui s'achète et se vend au même titre qu'un objet dont on exige la bonne qualité. Or dans le couple moderne, l'illusion fabricatrice est très forte. Ne parle-t-on pas depuis plusieurs années de « faire l'amour » et de « faire un enfant » ? Ce faisant, les parents pensent être l'unique origine de l'enfant qu'ils ont fabriqué.

Mais une telle conception se heurte vite aux réalités. Quand l'enfant grandit, l'être que le couple a cru fabriquer de toutes pièces ne se laisse pas faire. Il échappe à sa famille et essaye de faire éclater le cadre étroit dans lequel il perçoit ses parents comme des propriétaires « fabricateurs ». Nous-mêmes, en accédant à l'état adulte, nous refusons d'être la propriété de je ne sais qui. Nous n'accepterions en aucun cas d'être achetés ou vendus.

Il est évident que nous sommes entrés dans l'ère de la « médecine du désir », dominée par cette illusion fabricatrice, et par les droits que nous revendiquons pour nous satisfaire nous-mêmes. Tout avait commencé par la revendication du droit absolu à la contraception, que l'on soit marié ou non, suivi par celle du droit à l'avortement volontaire, essentiellement motivé dans les faits par la convenance personnelle. Maintenant s'y ajoutent celles du droit à la procréation — quels que soient les artifices retenus pour y parvenir — et du droit à la perfection de l'enfant. Mais dans ce domaine, cette avidité collective à vouloir toujours plus et à repousser davantage les limites du possible (insémination *post-mortem*, banques d'embryons, mères porteuses, bébés-Nobel) prend à la limite un caractère de morbidité.

Ainsi, les méthodes utilisées aux fins de procréation ne sont pas toutes éthiquement justifiables. Même si les intentions de la majorité des médecins et des chercheurs sont bonnes, on ne peut se contenter, lorsqu'on manipule la procréation, d'une morale ou d'une éthique de l'intention. Car il est évident que dans ce domaine, l'activité des médecins contribue de moins en moins au soulagement des maladies et de plus en plus à la satisfaction des désirs ou des convenances de la population : l'I.A.D. et la F.I.V. ne guérissent nullement la cause qui les a motivées, à savoir la stérilité elle-même. Banalisées, elles permettraient d'avoir un enfant à tout prix, quitte à créer un

« détournement de filiation », c'est-à-dire en faisant intervenir un tiers (donneur de sperme, donneuse d'ovule, mère porteuse) dans ce qu'il faut bien appeler la fabrication d'un enfant.

Quelles sont donc les causes et les conséquences de cette médecine du désir ?

1 - *Les causes :*

Le docteur STEPTOE, co-père du premier bébé-éprouvette, a affirmé que nous étions en présence d'une nouvelle morale et qu'il fallait renverser l'ancienne. Selon lui, le seul vrai problème consiste à éviter de donner la vie à tort ; il faut donc sélectionner la qualité biologique des enfants que l'on désire :

> « On peut imaginer qu'un enfant fasse un procès à ses parents pour l'avoir laissé naître difforme ou monstrueux. Ainsi, nous médecins, nous devons être plus judicieux dans nos choix, car nous avons des devoirs à l'égard du bébé. »

La science, insiste-t-il également, doit *précéder la loi*. Car, s'interroge-t-il, « comment peut-on faire passer dans la loi une science qui n'existe pas encore »[48] ?

De plus, nous accumulons une puissance technique extraordinaire dans le domaine du nucléaire, au point de vue chimique et en génétique. Ces techniques nouvelles mettent entre nos mains la liberté ou l'aliénation de l'homme, la vie ou la mort de l'humanité ; car nous pouvons aussi bien dominer la création de Dieu que faire sauter la planète...

Or de moins en moins les limitations techniques peuvent servir de limitations morales. Il y a toujours chez les chercheurs et les biologistes la tentation d'aller jusqu'au bout de leur technique en oubliant les retentissements humains de leurs recherches. Ce qui fait dire au généticien Albert JACQUARD que « la science commence par être efficace, et qu'elle n'est lucide qu'après »...

Il est donc clair que c'est le mariage de la puissance technologique avec la morale du « JE » qui a engendré la médecine du désir. Son éthique est fondamentalement égologique et admet que l'être humain peut être instrumentalisé de sa conception jusqu'à sa mort, si telle est la volonté de celui qui en a le pouvoir et le désir. En pratique, dans le domaine de la procréation, le couple peut revendiquer l'enfant à tout prix et peut exiger sa bonne qualité biologique. Et puis, avec les banques d'embryons congelés, on peut imaginer passer outre les années et bousculer les générations. Comme il met de l'argent en réserve à la Caisse d'Épargne, un couple pourrait congeler des embryons pour les utiliser plus tard, lorsqu'il serait disposé à assurer la présence d'un enfant. Le critère retenu est donc le caprice du moment, la satisfaction d'un désir ponctuel : l'enfant que je veux, quand je veux. Dans ces conditions, on ne pose même plus la question de savoir à qui appartient l'embryon si les parents changent d'avis... !

Dans une perspective biblique, au contraire, la procréation et l'amour des époux doivent toujours être sauvegardés pour préserver au mariage son sens plénier. La procréation a été voulue par un Dieu qui donne la vie à des êtres autonomes, appelés à dominer sagement la création et à rendre compte de leurs actes. Si donc l'enfant est un don de Dieu, les parents n'en sont que les *dépositaires* et non les propriétaires. Et la maîtrise totale de la fécondité, l'instrumentalisation systématique de la procréation, la sélection des embryons et leur congélation manifestent le suprême orgueil et la profonde révolte de l'homme contre son créateur. L'instauration de cette nouvelle puissance appelée à ne servir que les désirs de l'homme, est l'un des signes les plus évidents du déclin de notre civilisation.

2 - *Les conséquences :*

La médecine du désir est sensée apporter le bonheur à l'homme. Mais à quel prix ? C'est la question que je me suis posée en lisant le récit de l'aventure des jumelles de la Grande-Motte. Voici en effet les termes utilisés par Christine, inséminée avec le sperme de son beau-frère Denis :

« L'idée de recevoir le sperme de mon beau-frère *m'écœure* » (p. 176)... « Je n'avais pas prévu que je serais *dégoûtée* à ce point » (p. 178)... « Je ne supportais plus ces *humiliantes* séances d'insémination » (p. 181)... « Que ma sœur est *cruelle* » (p. 188)... « *égoïste* » (p. 172)... « Aurais-je la force de tenir le coup jusqu'à la fin ? Parfois, c'était comme si je sombrais dans la *folie*... Ce combat impitoyable avec moi-même *m'épuisait*. Cette grossesse aura été une *torture* » (pp. 202-203)... « Je tenais à ce que tout le monde sache qu'il est *inhumain, anormal,* de porter un enfant pour le donner ensuite à une autre femme » (p. 207)... « Sans nous l'avouer, nous étions aussi *malheureuse* l'une que l'autre » (p. 208)... « Une phrase, une seule résonnait dans ma tête de plus en plus fort, de plus en plus vite : mon enfant, on va *m'arracher* mon enfant » (p. 212).

Et voici le témoignage de Magali, la receveuse : « Cette grossesse était un *enfer* : je souffrais de n'être pas capable de « faire » moi-même mon petit, j'avais *honte* de voir Christine le porter à ma place... Denis s'intéressait à peine à ce qui se passait et ne me soutenait guère. Il fallait en plus que je sois privée de cette naissance ! C'était au-dessus de mes forces » (p. 199)...[38]

Sans commentaire...

Enfin pour le corps médical, la médecine du désir transforme le médecin en un « prestataire de service », le « marché » étant dominé par la pression et les exigences des consommateurs. C'est l'éthique des consommateurs qui est donc en train de se substituer à l'éthique médicale millénaire, basée sur le respect de la vie humaine, quelles que soient les pressions exercées sur le médecin.

3 - *Essai d'évaluation :*

L'éthique de la médecine du désir repose sur quelques grandes idées qui sont dangereuses pour l'avenir de notre civilisation :

a) *L'être humain est perfectible :*

L'homme, enseigne-t-on actuellement, est en constante évolution et donc perfectible. Ainsi les manipulations génétiques sont légitimes dans la mesure où elles visent à transformer les individus que nous sommes en quelque chose de « meilleur ».

Mais comment définir ce « meilleur » ? Quel est « l'idéal humain » ? En fait, il est évident qu'en tant que créature, l'homme ne peut remodeler l'homme qu'à sa propre image. Ce « nouvel homme » ne sera pas nouveau du tout, mais simplement une quelconque copie transformée. Car indépendamment de nos extraordinaires possibilités techniques, les questions posées sont *nos* questions, lesquelles reflètent *nos* attitudes et *nos* désirs. Ainsi la recherche ne peut évoluer que dans le sens que nous lui donnons en tant que créatures limitées dans le temps et dans l'espace ; elle ne saurait donner une réponse satisfaisante aux questions qui se posent à long terme ; elle est incapable de définir sur des bases philosophiques humanistes et athées les critères d'un être humain parfait !

Ce concept de la perfectibilité de l'être humain est fondamentalement contraire à l'enseignement biblique. Dieu est le Créateur et l'Infini, celui qui détient l'autorité et le pouvoir suprêmes. L'homme est un être créé et fini, atteint de la maladie du péché. Être parfait signifie donc être Dieu. C'est exactement ce que le serpent dit dans Genèse 3 : 5. Or dans le contexte de la chute, l'homme ne peut s'améliorer par lui-même. Il est soumis à ses propres désirs et à ce que la Bible appelle « les fruits de la nature humaine » : l'inconduite, l'impureté, la débauche, l'idolâtrie, la magie, les hostilités, la discorde, la jalousie, les fureurs, les rivalités, les divisions, les partis pris, l'envie, l'ivrognerie, les orgies et les choses semblables (Galates 5 : 19-21).

Nous devons nous opposer à un tel concept. Concrètement, notre tâche consiste à remédier à ce qui n'est pas parfait plutôt que d'essayer de construire un être humain idéal. Il nous faut accepter nos contemporains tels qu'ils sont, les aimer et les soigner en conséquence, au lieu de tenter de les transformer biologiquement ; car il nous est impossible de transcender notre nature de créature. Nous aspirons à la perfection, et pourtant nous découvrons que nos efforts nous laissent sur notre faim. Ainsi la révolution qu'il faut aux hommes et aux femmes de notre génération doit être *spirituelle et non biologique.* La transformation qu'il nous faut expérimenter doit être intérieure et modifier nos attitudes. Il nous la faut dans notre vie de tous les jours. Car le critère ultime est défini par la réponse à la question suivante : comment puis-je pleinement et le mieux possible être l'image de Dieu sur la terre ?

b) *C'est l'individualisme qui prime :*

La médecine du désir autorise la procréation d'un enfant « quand je le veux » et « comment je le veux ». L'individualisme étant la règle, ce qui compte c'est ce que je veux, qu'importe si c'est dangereux pour la société. Or en autorisant la procréation d'individus qui, autrement, n'auraient jamais vu le jour, on peut se demander si nous ne risquons pas d'altérer l'équilibre génétique de l'espèce humaine.

Au contraire, le commandement biblique « d'aimer son prochain » implique que nous sommes responsables les uns des autres, en ce sens que nous ne pouvons pas vivre sans nous préoccuper de ce qui se passe autour de nous. Nous devons vivre les uns avec les autres, en apprenant à partager nos fardeaux et nos peines, et à aimer nos semblables concrètement. Mais un tel point de vue est difficile à accepter actuellement, car nos contemporains rechignent de plus en plus à l'idée de devoir faire des sacrifices... !

Cela dit, il est vrai que nous sommes chacun des êtres merveilleusement uniques et respectables au plus haut point. Mais se cantonner alors dans un individualisme stérile signifierait ne rien comprendre à la réalité d'une authentique expérience humaine, car nous sommes également *interdépendants.* Nous sommes comme les membres d'un corps ayant besoin les uns des autres, chacun avec sa spécificité, de manière à vivre une vie humaine digne de ce nom :

« Si le pied disait : Parce que je ne suis pas une main, je ne suis pas

du corps, il n'en est pas moins du corps pour autant. Et si l'oreille disait : Parce que je ne suis pas un œil, je ne suis pas du corps, elle n'en est pas moins du corps pour autant. Si tout le corps était œil, où serait l'ouïe ? S'il était tout ouïe, où serait l'odorat ? En fait, Dieu a placé chacun des membres dans le corps comme il a voulu. Si tous étaient un seul membre, où serait le corps ? L'œil ne peut pas dire à la main : Je n'ai pas besoin de toi ; ni la tête dire aux pieds : Je n'ai pas besoin de vous. Maintenant donc il y a plusieurs membres et un seul corps » (1 Corinthiens 12 : 15-21).

c) *Tout pour le bien-être biologique :*

Par définition, la médecine du désir donne la priorité absolue au bien-être biologique de l'individu. La question de la responsabilité de l'homme face à ses semblables se pose alors : notre tâche de créature impliquant de dominer sagement la création de Dieu, notre responsabilité humaine consiste à trouver un *juste milieu* entre les avantages et les inconvénients liés à nos prouesses technologiques.

En soi, la science est moralement neutre. La technologie ne rapproche ni n'éloigne de Dieu. Le danger réside donc dans une mauvaise compréhension de la notion de « bien-être ». Car s'il ne s'agit que du bien-être biologique, nous attendrons de la technologie médicale qu'elle nous change en tant qu'être humain et qu'elle nous permette avant tout de réaliser nos désirs et nos aspirations. Elle devient une nouvelle puissance, une nouvelle religion et un nouveau dieu. Et la « qualité de vie biologique » une obsession et une fin en soi.

Or, la technologie ne saurait être considérée comme un substitut à la foi en Dieu. Nos possibilités techniques représentent seulement une part des richesses que Dieu nous a données et que nous devons appliquer sagement, avec humilité, et avec un sens aigu de nos responsabilités. Une connaissance scientifique trop poussée comporte aussi le risque de nous faire perdre de vue la totalité des facteurs qui constituent la normalité de la vie humaine.

Bibliquement parlant, le bien-être et les besoins physiques ne peuvent être dissociés du bien-être et des besoins spirituels de l'homme. Il nous faut envisager la qualité totale de la vie humaine, à l'exemple de Jésus-Christ. Car tout Fils de Dieu qu'il était, il revêtit l'identité des humains. Par son incarnation, *Jésus-Christ devint le modèle humain parfait,* sans cesser d'être Dieu. Jésus homme a révélé l'inégalable valeur des véritables caractères humains. Il a aimé tous les hommes et tels qu'ils étaient ; il est mort à la croix pour nous guérir de la maladie du péché. Voilà pourquoi nous devons nous satisfaire de ce que nous sommes en tant qu'êtres humains. Le « nouvel homme biologique » est une folie de la science et une utopie, car Jésus-Christ est devenu comme l'un de nous. Il s'est fait semblable à nous, et a connu la condition humaine. Il a vécu sur la terre comme un simple homme et non comme un héros déshumanisé issu de l'imagination de je ne sais quel auteur de science-fiction.

EN CONCLUSION

Selon DÉMOCRITE, « tout ce qui existe dans l'univers est le fruit du hasard et de la nécessité ». Jacques MONOD a repris cette idée dans son *Essai sur la philosophie naturelle de la biologie moderne*. Il y démontre que les progrès de la science impliquent « l'exigence d'une révision totale des fondements de l'éthique », et « l'abandon définitif de l'Ancienne alliance et la nécessité d'en forger une nouvelle ». Après avoir démontré que la base de notre morale est un « écœurant mélange de religiosité judéo-chrétienne et de progressisme scientiste... », ce Prix Nobel de Médecine prône « l'éthique de la connaissance ». Celle-ci définit une valeur transcendante et absolue : la connaissance vraie, et propose à l'homme non pas de s'en servir, mais « *de la servir* par un choix délibéré et conscient ». La connaissance devient le nouveau dieu et la nouvelle autorité ; elle est la valeur suprême ainsi que la mesure et le garant de toutes les autres valeurs. Et voici la conclusion de ce traité : « L'ancienne alliance est rompue ; l'homme sait enfin qu'il est seul dans l'immensité indifférente de l'Univers d'où il a émergé par hasard. Non plus que son destin, son devoir n'est écrit nulle part. A lui de choisir entre le Royaume et les ténèbres »[49].

Une telle conception de l'homme et de sa destinée est en opposition totale avec l'enseignement biblique. Dans la pensée de Monod, l'homme est érigé au rang de Dieu. C'est l'accumulation de sa connaissance qui va gommer progressivement la notion de mal. Or Dieu a mis une limite entre l'homme et lui. Et cette limite, c'est la connaissance objective et absolue du bien et du mal. Voilà pourquoi, dès le début, il a donné cet ordre à l'homme : ***« Tu pourras manger de tous les arbres du jardin ; mais tu ne mangeras pas de l'arbre de la** connaissance du bien et du mal, **car le jour où tu en mangeras, tu mourras certainement »*** (Genèse 2 : 16).

En Genèse 3, verset 4 le serpent dit à la femme :

« Vous ne mourrez point ; mais Dieu sait que, le jour où vous en mangerez, vos yeux s'ouvriront et que vous serez comme Dieu, connaissant le bien et le mal. »

Par la chute, l'homme a la faculté de décider lui-même ce qui est bien ou mal, et d'agir en conséquence. Cette faculté est consécutive au péché originel qui s'est propagé au genre humain tout entier. Car de même que Satan insinua le doute à l'égard de la Parole de Dieu, puis nia celle-ci, de même nos contemporains ont d'abord douté de l'existence de Dieu et de la véracité de sa Parole, puis l'ont nié. Ainsi la nature même de l'homme est pervertie et ennemie de Dieu comme le déclare l'apôtre Paul (Romains 5 : 19 et 8 : 7-8).

Or Dieu nous révèle notre nature de pécheur et efface le péché par Jésus-Christ. Sur une base purement matérialiste et humaniste athée, par sa technologie qui atteint actuellement des sommets qui donnent le vertige, l'homme est en train d'abuser de la connaissance en s'éloignant de Dieu et du mystère de sa création. C'est bien le sens de Genèse 3 : 22 où il est écrit : ***Voici l'homme est devenu comme l'un de nous pour la connaissance du bien et du mal. Empêchons-le maintenant d'avancer sa main, de prendre de l'arbre de vie, d'en manger et de vivre éternellement***. Le Professeur Étienne MARTIN croit qu'il y a, dans ce verset, toute l'ambivalence de l'homme devant la recherche, la connaissance et la science :

« Dans toute connaissance, dans toute recherche, il y a non pas un interdit, mais un risque. Nous avons la responsabilité de chercher, de déterminer — parfois très difficilement — les limites entre le bien et le mal. Toute découverte peut être un gain, elle peut être bonne pour l'homme ; elle peut être aussi porteuse de mort et de régression »[44].

Car la conséquence de la désobéissance à l'ordre de Dieu de ne pas manger du fruit de l'arbre de la connaissance du bien et du mal est la condamnation de l'homme à la mort physique et spirituelle...

A chaque nouvelle découverte se posent de nouvelles questions éthiques. Le bien et le mal, le licite et l'illicite, le conte de fées et le scandale se rapprochent et deviennent presque indiscernables. Voilà pourquoi il convient de s'interroger sur les enjeux humains des puissances neuves contenues dans les applications des nouvelles techniques biomédicales. Car en présence et au contact des contradictions humaines, il est d'importance vitale de résister à la fascination de ces possibilités techniques inédites. Il faut avoir le courage de certains refus de peur d'être gouvernés par la technologie. Il faut ne pas craindre d'aller à contre-courant de la marche du progrès, si tant est qu'elle est guidée par une philosophie athée.

C'est dans cet esprit que je désire conclure par une réflexion sur le récit de la femme adultère (Jean 8 : 1-11). Quand Jésus a été confronté avec elle, il n'a pas seulement tenu compte de la transgression par rapport à la loi de Moïse, mais a considéré les *motifs* qui ont poussé les Pharisiens à lui amener cette femme. Il n'a pas seulement pris en considération le péché (Marc 10 : 19), mais l'a placé dans son *contexte humain*. Il n'a pas du tout excusé l'adultère en tant que péché, au contraire, mais il a également rappelé à tous les badauds assemblés qu'ils étaient eux aussi des pécheurs et qu'il leur fallait changer de vie.

Deux grandes leçons se dégagent de ce récit :

1. La nécessité d'un *équilibre* entre la justice et la compassion, l'idéal éthique et la pratique. Nous devons tout d'abord avoir des points de repère éthiques solides, basés sur la perspective biblique de l'homme en tant que créature. Et en aucun cas nous ne devons changer ces repères-là. Car comme le disait P. COURTHIAL, « la Bible est la Norme au-dessus de toutes les normes, le Droit au-dessus de tous droits, la Vérité qui établit ce qui est authentiquement bon, beau et vrai. »

Ensuite, il faut avoir compassion : Jésus renvoie la femme en lui pardonnant, mais ce pardon signifie aussi qu'il doit y avoir changement dans sa conduite. ***« Va et désormais ne pèche plus »*** (Jean 8 : 11). C'est la Grâce qui agit là, car le Christ sait qu'il va prendre sur lui la mort qui était destinée à cette femme à cause de sa faute. Dans la suite du chapitre, d'ailleurs, après qu'il ait longuement expliqué qui il est et le sens de sa venue parmi nous, Jésus est menacé de lapidation par ces mêmes Juifs : saisissante proximité (Jean 8 : 59) !

En pratique, il ne s'agit pas de condamner systématiquement le possible à cause des tentations d'en abuser. Mais, ainsi que nous l'avons vu tout au long de cet ouvrage, il faut fixer la légitimité et les limites des initiatives en se référant aux valeurs éthiques bibliques. Et c'est là qu'intervient :

2. La nécessité de *discerner* les intentions des hommes. Jésus, notre modèle, l'a fait. La Bible nous exhorte à faire de même :

« Vous êtes devenus lents à comprendre. Alors que vous deviez, avec le temps, être des MAÎTRES, vous avez de nouveau besoin qu'on vous enseigne les premiers principes élémentaires des oracles de Dieu : vous en êtes venus à avoir besoin de lait et non d'une nourriture solide. Or quiconque en est au lait n'a pas l'expérience de la parole de JUSTICE, car il est un enfant. Mais la nourriture solide est pour les hommes faits, pour ceux qui, par l'usage, ont le sens exercé au discernement du bien et du mal. » (Hébreux 5 : 11-14)

Je crois que les vingt prochaines années ont les plus grandes chances d'être les plus pernicieuses, les plus injustes, peut-être les plus corrompues et les plus violentes dans l'histoire de l'humanité. C'est dans ce contexte-là qu'enfants de Dieu, nous sommes appelés à grandir dans la foi, à être des « hommes faits » comme nous y invite l'auteur de l'épître aux Hébreux qui insiste sur le fait que nous devons *discerner entre le bien et le mal.*

Le discernement est un don spirituel. Comme tout don, il se développe par la pratique. Pour répondre aux nouveaux défis technologiques de notre temps auxquels nos anciens systèmes de valeur n'ont pas de réponses toutes faites, c'est dans l'amour de Dieu et de notre prochain, qu'il nous fait exercer le don de discernement.

Notes bibliographiques

1. Evelyne SULLEROT, *Pour le meilleur et sans le pire,* Éd. Fayard. Voir aussi : « Famille éclatée : à qui la faute ? ». Sélection du Reader's Digest N° 466, décembre 1985, pages 113-116.
2. Gérard MERMET, *Francoscopie,* Éd. Larousse, 1985.
3. *Le Journal du Dimanche* du 8 septembre 1985, pages 1 et 7.
4. *La sexologie,* in Impact Médecin du 29 juin 1985, pages 39-43.
5. *Des bébés comme les autres,* in Impact Médecin du 6 mars 1982, pages 40-50.
6. Fécondation *in vitro, Le meilleur des mondes ?* Tribune Médicale n° 26 du 5 juin 1982, pages 16-18.
7. *Le développement parthénogénétique d'un ovule.* Le Quotidien du Médecin du 30 mai 1983, page 9.
8. Jules-Marcel NICOLE, *Précis de doctrine chrétienne,* Éd. de l'Institut Biblique, 39, Grande-Rue, 94130 Nogent-sur-Marne, page 64.
9. Larry CHRISTENSON. *La Famille chrétienne,* Éd. Foi et Victire, Rue du Moulin, 76170, Lillebonne, pages 9-10.
10. Larry CHRISTENSON, *op. cit.,* page 51.
11. John H. YODER, *Jésus et le Politique,* Éd. Presses Bibliques Universitaires, 1984, pages 132-150.
12. Henri WATTIAUX, *Insémination artificielle, Fécondation in vitro et Transplantation embryonnaire. Repères éthiques.* Dossier « Pastorale et Famille », n° 92, juillet-août 1983. 4, cité du Sacré-Cœur, 75018 Paris. pages 3-14.
13. R. TROISFONTAINES, *L'Insémination artificielle, problèmes éthiques,* in Nouvelle Revue Théologique 95, 1973, pages 764-778.
14. *Insémination* post-mortem, in Le Quotidien du Médecin des 2 et 3 août 1984, page 1. Voir aussi *Médecine et Justice,* in Panorama du Médecin n° 1879, du lundi 14 mai 1984, page 49.
15. H. DOUCET, *L'Insémination artificielle,* in Église et théologie 10, 1979, pages 387-400.
16. Jules-Marcel NICOLE, *op. cit.,* pages 105-109.
17. Marie-Odile RETHORE, *Recherches génétiques et conscience chrétienne, in La Revue « Amour et Famille », n° 137, janvier-février*

1983. Fiches documentaires du C.L.E.R., 65, bd de Clichy, 75009 Paris.

18. Cités par C. KLOPFENSTEIN, *La Bible et la Santé,* Éd. La Pensée Universelle, Paris, pages 46 et 236.

19. J.-L. LEUBA, *L'Insémination artificielle jugée par l'amour,* in L'Insémination artificielle appliquée à l'être humain, Éd. Labor et Fides, Genève, 1982, page 70.

20. J.-M. MORETTI et O. de DINECHIN, *Le défi génétique,* Éd. Centurion, Paris, 1982, page 115.

21. Béatrice MARBEAU-CLEIRENS, *Les mères célibataires et l'inconscient,* Éd. J.-P. Delarge, Paris, 1980, pages 65 et 67.

22. D. Gareth JONES, *Brave New People. Ethical Issues at the commencement of Life,* Inter-Varsity Press, 1984.

23. Jean-Jacques PITTELOUD, *Bébé-éprouvette : Progrès ou perversion de la médecine ?* in Manipulation de la vie humaine. Association vaudoise de parents chrétiens, Case Postale 40, CH-1001 Lausanne, pages 3-10.

24. Sylvie EPELBOIN, *Fécondation* in vitro *et Droit à l'enfant.* Tribune médicale du 21-28 septembre 1985, pages 29-33.

25. Paul RAMSEY, *Shall we Reproduce? The medical ethics of* in vitro *fertilization,* J. Améric. Méd. Assoc., 220, 1972, pages 1348-1350.

26. P. VERSPIEREN, *L'aventure de la fécondation* in vitro, in « Études », 357, 1982, page 483.

27. Cité par J.-M. MORETTI et O. de DINECHIN, *op. cit.,* page 95.

28. Léon KASS, *Making babies. The new biology and the "old" morality,* Public Interest 26, 1972, pages 18-56.

29. O.H.G. Wilder SMITH, *La Nouvelle Médecine, Problèmes d'éthique chrétienne,* in Aimer et Servir n° 1, 1983. U.E.M.P., 463, rue de l'Église, 76230 Bois-Guillaume, pages 3—5.

30. C. MONIÉ, *Don d'ovule et don d'embryon : des problèmes plus moraux que techniques,* Panorama du Médecin n° 2132 du 8 juillet 1985.

31. Un service de « mères de substitution » ouvert à Londres, in Le Quotidien du Médecin du 28 avril 1983.

32. *Mères porteuses : le Dr Geller n'a pas convaincu ses confrères,* in Le Quotidien du Médecin du 1er octobre 1984, page 41.

33. *Prêt d'utérus : une 2e mère porteuse française se fait connaître,* in Le Quotidien du Médecin du 26 février 1985, page 24.

34. *La location d'utérus : quel contrat, quelle filiation ?* in Panorama du Médecin, avril 1984.
35. *Mères porteuses, un beau geste ou un bon job ? Sondage Femme Pratique/IPSOS,* in Femme Pratique n° 265 de septembre 1985, pages 39-42.
36. *Le « bébé à vendre » émeut la Grande-Bretagne,* in Panorama du Médecin du 9 janvier 1985, page 20.
37. Pr SCHWARZENBERG, « C'est une vente d'enfant » in Le Quotidien du Médecin des 28-29 septembre 1984, n° 3269, page 35.
38. Magali CROZEL et Christine SEVAULT, *Un enfant pour ma jumelle,* Éd. Berger-Levrault, Paris, 1984, pages 169-170, ainsi que les pages citées dans le texte.
39. Bulletin de l'Ordre des Médecins, décembre 1983, n° 4.
40. Aldous HUXLEY, *Le Meilleur des Mondes,* Presses Pocket T 1438.
41. Interviewé dans l'ouvrage de James C. HEFLEY, *Life in the Balance,* Victor Books, 1980. Dépositaire : Euro-Media Ministries, D-6750-Kaiserslautern.
42. D. RORVICK, *A son image. La prodigieuse histoire du premier clone humain,* Paris, Grasset, 1978.
43. Robert MERGER, *Du traitement de la stérilité à l'orthogénie,* Bull. Acad. Nat. Méd., 1982, n° 7, pages 949-951, séance du 5 octobre 1982.
44. Étienne MARTIN, *Jusqu'où peut-on aller ?* in Aimer et Servir, n° 64, octobre 1985, pages 23-24.
45. Voir Panorama du Médecin du 28 juillet 1983 et du 28 mars 1984. Voir également le Quotidien du Médecin n° 3110 du 6 février 1984.
46. Dominique SIMONNET, *Les bébés prennent la parole,* L'Express n° 1776 du 19 au 25 juillet 1985, pages 43-45.
47. In L'Australie au chevet de deux embryons congelés orphelins, le Quotidien du Médecin du 19 juin 1984, n° 3201, page 23.
48. In *Des bébés par promotion,* La Croix du mardi 26 octobre 1982.
49. Jacques MONOD, *Le hasard et la nécessité,* Éd. du Seuil, Paris, 1973, pages 213-225.

Table des matières

Les Éditions L.L.B. sont également connues sous le nom de Ligue pour la Lecture de la Bible. Cette association fondée au siècle dernier est présente aujourd'hui dans une centaine de pays. Elle se propose d'aider tous ceux qui s'intéressent à la Bible, désirent la lire ou l'étudier, et ceci quelle que soit leur confession.

A cet effet, plusieurs publications (trimestrielles en général) sont diffusées à travers le monde, pour faciliter la lecture de la Bible, qu'elle soit personnelle, familiale ou effectuée en groupe. On trouve, par exemple, en français, les titres suivants :

pour les enfants

Le **MINI-LECTEUR** et le journal **TOURNESOL**

pour les adolescents

L'EXPLORATEUR et **RENDEZ-VOUS**

pour les adultes

LE LECTEUR DE LA BIBLE, PARTAGE
1ère APPROCHE DE LA BIBLE

Dans les pays et zones francophones s'adresser à :

France : 15, avenue Foch — 68500 Guebwiller
Belgique : Avenue Giele, 23 — 1090 Bruxelles
Suisse : 90, Route de Berne — 1010 Lausanne
Canada : 1701, Belleville, Ville Lemoyne
Québec J4P 3112
Côte-d'Ivoire : 08 B.P. 50 — Abidjan 08
Madagascar : B.P. 4085 — Antananarivo
Zaïre : B.P. 15.167 — Kinshasa 1

I.M.E. - 25-Baume-les-Dames - Dépôt légal Avril 1986 - N° imprimeur 6736